歐洲的心臟

德國如何改變自己

Die Macht in der Mitte Europas

Wie sich Deutschland neu erfindet

林育立——著

PART 1

重返國際舞臺的歐陸強國

PART 2

告別核煤，邁向綠能新世紀

PART 3

揭露真相，走出獨裁

198

229

248

PART 4

二十五年的自由與統一：重返歐洲中心的新德國

263

284

推薦序

戰後德國的再興，爲世界帶來了什麼？

蔡慶樺｜獨立評論@天下「德意志思考」專欄作者、駐法蘭克福辦事處祕書

●德國的三次崛起

近十年來，亞洲與世界局勢變化快速，尤其在中國崛起後，世界政治與經濟重心有逐漸向亞洲移動之勢。中國許多政治理論家開始構想「和平崛起」論述，並將中國的崛起放在世界史中思考，究竟這個亞洲第一強國在二十一世紀登上世界舞臺的方式，與十九、二十世紀傳統歐美強國有何不同。為了構造整套和平崛起史觀，自然必須先釐清他國的崛起過程，於是「大國崛起」一時間成為顯學。二〇〇六年，央視製作了「大國崛起」系列紀錄片，引起華文世界熱烈討論。而其中一集，就是探討德國的崛起。

然而，德國崛起不只對亞洲後起國家有意義，也值得那些歐美強國借鏡，思考未來發展道路。

我認為德國不只經歷一次崛起，而是三次。第一次崛起相對其他歐洲國家都晚。英國、法國、比利時都在十八世紀時成功地推動了產業轉型，邁向工業國家；德國卻一直

等到十九世紀中葉才開始「遲到的工業革命」（die verspätete Revolution）。但是，德國邁向強國之路雖然遲，卻極為快速，一八三五年底德國才開始蓋了一條六公里長的鐵路（當時英國已有五百四十四公里長的鐵路），但在一八四八年時，竟已蓋好五千公里長的鐵路網。後在威廉皇帝與俾斯麥宰相治下，短短幾十年內，一統的德國一步到位成為世界一流的工業國家，在醫藥化工領域更是無人可望其項背。日本在明治維新時期因而派遣大量留學生至德國，學習這個帝國轉型並崛起之快速模式，也成功地引進了德國的法治思想與醫學工程技術，推動國家告別農業時期，蛻變為現代化的帝國——今日我們看日劇，都還能聽到許多源自德語的機械與醫學相關外來詞彙。

當時做為普魯士王國與德意志帝國首都的柏林，也因而成為西方世界的重心。不只是工程、化學、醫學等硬科學，文史哲法藝術等各領域的思想先鋒也聚集柏林，為十九世紀過渡到二十世紀期間的人文領域帶來各種創新。柏林如同一塊磁鐵，吸引著無數人才來此。日本於一八七〇年至一九一四年間赴柏林腓特烈威廉帝大（今日之洪堡大學）求學的留學生接近七百人；德國哲學家斯洛特戴克（Peter Sloterdijk）在談論戰後歐洲的後現代思潮時便曾感嘆，二十世紀初的柏林，各種派別的藝術家皆在此發展，其實早已是各種新思潮實驗的世界中心了。在這種背景下，可以想像柏林在世界史中的重要性。

雖然一戰讓帝國垮臺，但威瑪共和時期德國的經濟還是穩健發展，原有機會成為正常國家，直到希特勒上臺，把德國帶向毀滅。柏林在第三帝國瓦解後，也失去其中心位置。希特勒時代柏林人口已近四百五十萬，戰爭剛剛結束時銳減為不到三百萬，加上聯邦德國將首都設在波昂，開始了多年的「波昂共和國」時期，柏林被那道圍牆分隔幾十年，成為冷戰的犧牲者，不再有主導政治或經濟事務的話語權。

在「波昂共和國」期間，德國——或說西德——經歷了第二次崛起，也就是從完全的廢墟中重建（那個年代歐洲每個國家都學到了德文的kaputt，指的就是毀壞），創造了戰後從零點（Stunde Null）開始的「經濟奇蹟」時期。這個經濟奇蹟不只依靠德國自身的力量，同盟國在軍事、政治上的扶持與經濟上的挹注當然也扮演重要角色，可是，德國人咬著牙所展現的堅毅，讓德國能夠快速重回世界強國俱樂部，確實不能不讓人佩服。戰後德國那些被炸得滿目瘡痍的瓦石中，代替男人拿起鋤頭鐵鎚清理並重建家園的「廢墟女性」（Trümmerfrauen）們，最能代表那時代的意象。

統一後，德國雖然進入「柏林共和國」時期，但柏林相對其他西德城市，一時無法取回其重要性，仍然活在冷戰時期凝聚的歷史邊緣氣氛，生活在「貧窮但是性感」（arm aber sexy）帶點自嘲意味的驕傲中。直到梅克爾總理上臺，逐漸看得到柏林重回世界政治與經濟決策重心，在她治下十幾年，一個強大的德國在第三次崛起的道路上，目標明確，速度驚人。

●萊茵模式

林育立的《歐洲的心臟：德國如何改變自己》，詳盡地探索了德國的過去、現在、未來，描述了這個「柏林共和國」所開創的第三次崛起道路。讀者可以理解，今日的德國是從什麼樣的歷史發展而來？過去德國曾經犯下什麼錯，現在如何彌補？現在德國面對著什麼樣的全球危機，採取了哪些因應之道？未來德國的願景是什麼？作者久居這個歐洲的心臟，不只目睹正在發生的變化，還親訪許多重要變化過程上的參與者，因此為近年德國發展模式描繪出相當立體的輪廓，並為以下問題提供可能的答案：這個再次強大的德國，究竟是如何強大的？在哪些地方強大？為什麼我們需要這樣一個強大的德國？

這些問題即使對德國人來說也不易回答，尤其一個強大的德國，不只許多受過第三帝國軍國主義之害的國家並不樂見，對許多德國人自己來說，更是個尷尬的圖像。諾貝爾文學獎得主葛拉斯（Günter Grass）於一九九〇年二月十三日——兩德完成統一前夕——在法蘭克福演講時，警告陷在統一狂熱中的德國政界與人民：我們必須警惕，為什麼是德國而不是其他曾經強大的歐洲國家造成了大屠殺，必須考量大屠殺受害者對一個可能再次強大的統一德國的感受，「我們不可能繞開大屠殺的議題」，「我們完全有理由，對於一個具有行動力的統一的自己，感到畏懼。」

然而，後來梅克爾帶領的德國，向世人以及德國人自己證明了，毋須對這樣的德國崛起感到畏懼。本書描述的德國政治發展正是原因：梅克爾突破了傳統政治生態、出乎所有人預料地進入了總理府；著重環保的綠黨進入了國會，為更適合人類居住的家園而努力；對於環境正義的堅持使德國追求潔淨能源；為了彌補過往犯下的錯，德國在交代獨裁時期歷史上不遺餘力，進而能夠深化民主成果；政府勇敢承擔，廣納難民以真正落實憲法對人性尊嚴的保障……這樣的德國，踏上的不是一種富國強兵的、令人戒慎的傳統發展道路，而是一種強調政治正義、經濟正義、全球正義、環境正義、轉型正義，但其實也充滿各種衝突、需要對話與溝通的國家發展模式。

政治經濟學學者史特列克（Wolgang Streeck）曾將德國結合社會民主與自由經濟、著重產業民主與工會發展、重視企業社會責任的產業模式，與盎格魯撒克遜市場至上的自由放任主義對比，稱這種極具特色的德國體系為「萊茵模式」（Rhineland Capitalism）；也許除了經濟發展外，我們也可以在梅克爾執政這些年的德國崛起過程裡，觀察到以科技發展追求永續正義、告別消耗能源並注重人權的「萊茵模式」大國崛起道路。德國以這種「萊茵模式」向世人宣告，這樣的德國值得你們信賴。

●德國帶領下的和平

回到前面的問題，為什麼我們需要這個強大的德國？

右翼政黨「德國另類選擇黨」（AfD）的政治綱領主張，德國的歷史不應被化約為納粹那十二年；但問題是，德國確實經歷過那十二年，為此，德國對於世界應負的政治倫理責任就是，成為一個世人需要的捍衛民主自由價值的國家，隨時為這些價值挺身而出。這個危機四伏的世界並不美好，未來國際社會仍必須面對恐怖主義、世界安全、難民、能源、資源耗盡、環保、貧富差距、政治極端勢力、人口結構變化與移民問題等等數不盡的挑戰；而這些也都將是德國的責任。

德國現任總統高克（Joachim Gauck）及現任外交部長、繼任總統史坦麥爾（Frank-Walter Steinmeier）均曾表示，德國應該捨棄歷史負疚造成的過度小心翼翼，改變冷戰以來習慣對國際事務保持冷淡態度，更積極主動參與國際社會，因為國際社會需要強大、有能力也有意願守護自由體制的德國，以維繫多年來得之不易的安全與繁榮。

確實。現在的歐洲可說已處於「德國帶領下的和平」（Pax Germanica），但是這種和平狀態岌岌可危。正是為了維繫這樣的和平，梅克爾於二〇一六年年底宣布，義無反顧投入二〇一七年大選，角逐第四次的總理職位。美國總統歐巴馬訪問柏林時說，歐洲達成如此了不起的成就，值得我們繼續為之奮鬥。倘若他是德國人，他會是梅克爾的支持者。他對梅克爾的高度讚揚，正點出了進入川普時代後，也許需要「德國帶領下的和平」的，不只是歐盟。

你／妳不必要是梅克爾的支持者，但本書可以告訴你／妳，為什麼她、以及她帶領下的德國受到支持。

●放馬過來啊

本書對梅克爾總理的描述相當符合我對她的印象，一個平凡樸實卻又有決心與能力貫徹她對民主的想像與堅持的政治家。二〇一〇年時，我赴柏林進修，下課後時常去洪堡大學圖書館讀書，本書提及的梅克爾不起眼的老公寓就在路上，如果一樓門外沒有站著兩個警察守衛，根本無法認出那裡住著重要人物。某天，我在國會大廈旁等著朋友，忽然看見遠處一位穿著淡綠色西裝外套的短髮大媽從國會大廈走出，身邊跟著兩位祕書，遠遠朝我的方向走來。我心想，這人長得好像梅克爾，但不可能是她吧？歐洲最有權力的領袖，竟然走路去辦公，身邊只有兩個人？她走近我，我才確定這真的是德國總理，她看到我狐疑的眼神，似乎知道我不敢置信，朝我笑了笑，我向她問好，她也笑著向我問好後，快步地走回幾百公尺外的總理辦公室。

這個與我錯身而過的人，從二〇〇五年開始帶領德國完成了許多了不起的成就，那些許多國家只能佩服而永遠無法達成的成就。而她卻是個如此平凡地走在路上的德國婦人，下班後會到超市買菜，會對每一個向她問好的民眾微笑回禮。她訪問南京時，甚至住在飯店普通套房、與其他住客一起在餐廳用餐，撿起掉在地上的麵包吃，讓中國民眾驚奇；可是，也許正是這樣的人民中的一人，才能夠陪伴人民，不說漂亮空話，穩穩地帶領國家面對各種棘手挑戰，如同當年捲起袖子的那些「廢墟女性」們，咬著牙，一塊磚一塊石地建設起國家；也正是如梅克爾這樣經歷過東德獨裁的平凡人，能夠瞭解民主多麼珍貴，我們今日所享有的一切都不是理所當然。

然而這個平凡務實的國家正遭受巨大危機。寫作本文時，二〇一六年十二月十九日晚間，極端分子駕駛著一輛大卡車，在人潮最多的時候衝入了柏林耶誕市集發動攻擊，造成十二人死亡。這個事件可說是德國統一後最嚴重的恐怖主義暴力事件，震驚了全歐洲。一個力求穩定歐洲秩序、維護自由價值的共和國，受到重擊。

隨著嫌犯被射擊身亡，危機暫時解除，但做為歐洲領袖的德國，可以想見未來勢必還要面對各種艱鉅挑戰，可是我對這個國家充滿信心。恐攻後隔天，柏林記者米哈里斯（Philipp Michaelis）臉書發文這麼說著：

給我聽著，你們這些激進的瘋子：這裡就是柏林，我們就是柏林。我們在尖峰時間還搭區間車；別人對我們友善時，我們會唧唧歪歪；我們的計程車司機比任何一個宗教狂熱者還危險；我們在超市結帳時碎碎念。我們相信柏林乙級足球隊Union終會晉級，而甲級足球隊Hertha總有一天會奪下德甲冠軍；我們吃土耳其三明治以及生魚——我們當然知道那些東西廉價到不可能有肉或有魚……我們冬天有九個月，會在派對狂歡後直接去上班。

我們之中有土耳其人，或者俄羅斯人，或者美國人，巴基斯坦人，沒錯！甚至也有巴登符騰堡邦人！想要我們怕你們？繼續做夢吧，你們這些娘炮！

你們放馬過來啊！

我喜歡這樣的德國人，總是懷抱不大不小的夢想，那麼平凡務實，帶著自嘲的尖酸幽默，對於各種棘手的挑戰能夠勇敢地迎上前去。就是以這樣的強韌，無畏的德國人接下了本書談到的難民、能源、轉型正義等各種其他國家寧可不碰的問題。這個歐洲，這個世界，也許永遠不會真正平靜，但是看到德國這些年來如何改變自己也改變世界，我們便能多點勇氣，一起對著這個毛病多到煩死人的世界怒吼：

你們放馬過來啊！

推薦序

德國能源轉型不是神話

賴偉傑｜臺灣綠色公民行動聯盟協會常務理事

●德國的啟示

二〇〇〇年臺灣經歷第一次政黨輪替，長期主張反核的民進黨上臺後，以成立「核四再評估」委員會的方式，讓正反兩方就各個層面大辯論，因為雙方主張旗幟鮮明，不斷火力全開後反而讓議題論點的張力彈性疲乏。但其中讓我感到特別新鮮的，是留德的胡湘玲博士提到：「一九九九年，在德國核能雖然提供將近三分之一的總用電量，但核能工業卻只能提供三萬七千七百個工作機會，只占能源就業人口不到一〇%，總計再生能源的發電方式，如風力、潮汐、太陽能、沼氣等，將在未來的就業市場提供約二十萬個工作機會。」

當時紅綠聯盟德國新政府訂出非核家園的目標，其中社會遊說的一個關鍵點，在於「終止核能使用之後，對核電設施的投資將會轉移到其他發電方式上。在工作機會的計算上，以再生能源做為核能的替代方案，將提供遠比核能電廠所能提供更多的工作機會」。這是臺灣在核能爭議中，一個鮮少被提起的論點。當然德國社會還有很多特別的因素，例如德國煤礦工會很強勢、民營核電集團的壟斷、歐洲電力自由化方興未艾等。

對我來說，這些訊息像是開啟了求知的藍海，也讓我特別關注德國能源的相關發展。像是許逢麟博士介紹德國小鎮薰瑙（Schönau）的案例，展現了一個小地方擺脫大電力公司，落實能源自主和推動友善能源中的種種過程，不只是扎扎實實的社區運動和營造，更是挑戰一個又一個維護壟斷式電力集團的「法律和體制」。

後來，一次在臺北由德國經濟辦事處辦的德國能源研討會中，聽到德國太陽能整個產業工藝與技職教育整合的「太陽學校」計畫，也聽到「所謂零耗能建築，就是八〇%靠節能，其餘二〇%靠建築物的再生能源發電」，對我猶如醍醐灌頂。二〇〇五年，教育部應該是在德國經驗的鼓舞下，推出了南北兩所「太陽能學校」，北部在臺北科技大學，南部在高雄應用科技大學，可惜後續的整合缺少政治與政策上的支持，因此進展有限。而我所屬的團體綠色公民行動聯盟，當時也興致勃勃，試著跟民間基金會申請，想透過德國經濟辦事處環境科技組的安排，前往德國波爾基金會（Heinrich Böll Foundation）以及太陽能與建築整合設計的實務機構，希望能實地蒐集與節能改善有關的各種方法和經驗等最新資訊。後來雖未能成行，但對德國整個產業鏈、教育鏈、高科技研發、節能生活模式的調查、創新與實踐等的完整性和務實，實在印象深刻。

近期在苗栗苑裡反風機抗爭時，也讀到林子倫博士引介翻譯德國農村發展再生能源時的民眾參與機制，是運用歐盟的「創造社會接受度」（Create Acceptance）計畫下所發展出來的ESTEEM（Engage Stakeholders Through a Systematic Toolbox to Manage New Energy

Projects）工具模型，逐漸將與計畫有關的利害關係方（Stakeholders）納進討論、充分告知資訊，以及鼓勵其參與計畫執行，而非政府的簡化說法——「再生能源也會有人抗爭」。

●能源轉型成功的關鍵

其實對於「德國」，在臺灣有很多流傳和想像，而且很多「故事」都被臺灣立場相近的「利益相關方」選擇成為「重要依據」。

當資料顯示德國再生能源快速成長，臺灣支持非核家園的人就大聲疾呼「德國經驗」；但支持核能的團體、智庫甚至是前總統馬英九，又會提出德國電價貴得嚇人的說法。德國政府二〇一〇年政策轉彎主張核電延役時，讓臺灣擁核陣營振奮不已；但到了二〇一一年福島核災後，同一個德國政府卻斷然宣布啟動核電二〇二二年前全部提前除役的「退場機制」，讓臺灣非核主張者認為「有為者亦若是」。

這種各取所需的資訊選擇，某種程度被去脈絡化，甚至流於資訊的攻防。也因此本書第二部分「告別核煤，邁向綠能新世紀」做了相當完整的書寫和整理，以梳理德國「能源轉型」脈絡，這些故事讓整個圖像和來龍去脈更具全貌。

書中很多地方都讓人想劃重點，應該也可以為讀者帶來很多反思，像是：「人民不再只是電力的消費者，同時也是生產和經營的業者，翻轉了過去電力公司與消費者間不對等的關係。（一三二頁）」，因為臺灣蓋電廠發電，一直都是臺電或大財團才玩得起，我們一般老百姓只是買電的角色，一定會陷入電愈便宜愈好的思維，但未來當公民發電成為事實甚至常態，可能會促使我們進一步去想，到底「能源的真實成本」是什麼？

「建立綠電併網的友善環境才是能源轉型成功的關鍵。」（一五六頁），因為在臺灣，很多場合總有人提到「太多再生能源，會影響電網的穩定性」，這會讓我想瞭解，一九九九年臺灣大停電後，花了近四千億的第六輸變電計畫，當時有評估、討論、考慮到未來「綠能」或能源轉型的實際電網需求嗎？還是只是進一步鞏固了大電網的配置，並成為在「重複投資上浪費」的現實，甚至成為轉型過程的最大阻力？

這些問題都不是單獨出現，在不同社會也會有不同的前因後果和複雜度，因此本書關於德國能源轉型的篇章是非常重要的整理，也是必讀的參考書。尤其臺灣在邁入二十一世紀時「曾經」幾乎與德國同時宣布要成為「非核國家」，但十多年過去了，要真正瞭解臺灣跟德國之間的差距和其原因，絕不是簡單的懶人包就可以描述的，而是需要「對政策細節和歷史脈絡的全盤掌握」，這對關心能源轉型的個人或團體是如此，對「政府和政治領導人」更是如此。

「對政策細節和歷史脈絡的全盤掌握」這句話在書中出現時，讓我感慨萬千。那是在描述一九九五年時，「聯合國氣候變化綱要公約第一次締約方會議（COP 1）在柏林舉行，德國環境部長代表德國拋磚引玉，在工業國家當中率先自我約束碳排量，讓原本幾乎觸礁的會議起死回生」，就是因為「對政策所下的研究和準備工夫無人出其右，對政策細節和歷史脈絡的全盤掌握」，當年那位環境部長就是德國現任總理梅克爾。而臺灣很多公共政策，其實也不斷面臨改革以及轉型的歷史機遇，能源當然也是。但看到現在能源轉型及經濟轉型在臺灣腳步凌亂或裹足不前，主政或主導者是否能指揮若定？可能需要更謙虛更用功地「對政策細節和歷史脈絡的全盤掌握」。

●犧牲的體系轉向支持的體系

臺灣一位研究能源政治的學者，二〇一五年訪問歐洲多國能源決策官員，回臺灣後感慨地跟我說，關於能源轉型，歐洲國家是認為：「因為會有很多困難和窒礙難行之處，所以我們更要加倍努力想辦法突破」，但臺灣則是：「因為會有很多困難和窒礙難行之處，所以我們不要浪費時間去自討苦吃。」

我常在想，因為大家需要電，因為怕缺電，所以我們已習慣臣服於核能、燃煤等大型電廠，因此整個社會成為一個「犧牲的體系」，通常是以「社會需要經濟發展，經濟發展需要便宜的電，便宜的電只有核能和燒煤可以提供，核能不會產生二氧化碳，核廢料可以放在人少的偏鄉」，依此建構出大電力的主流論述。所以促成一連串弱勢者與弱勢者間因自保而導致的弱弱相殘，包括電廠受薪者與鄰避居民之間、火電與核電附近居民之間、舊核電與新核電附近居民之間、核廢料不同候選廠址居民之間。這是臺灣舊有能源政策所建構的「犧牲的體系」，而且這體系的運作相當細膩。譬如：「沒有電，企業怎麼根留臺灣？」然後「這個社會為了發展，必須有人犧牲小我，完成大我」，其實「『回饋金』的財源會是地方享有福利和發展翻身的機會」；再來形塑「理性專業者遇上不理性的無知抗爭者很無奈，有理說不清，但會持續溝通」的印象；而且訴求「電廠提供很多機會讓子弟可以留在家鄉就業」。

當然臺灣也正在轉變。有沒有一種可能，能源轉型不只是能源轉型，而是把這種「犧牲的體系」翻轉成整個社會互相的「支持的體系」？我不知道。但我最近讀到，巴伐利亞南部的一個小村莊產出的綠色電能大大超過其用電量，因此曾是核工業一分子的西門子公司，參與當地電力公司和兩所大學共同實行的專案，試驗儲能和智慧電網技術。這個實例，再加上本書的資訊，讓人覺得德國的經驗，似乎出現一種社會各界努力讓「支持的體系」建構成型，而且產官學民都努力成為這個體系中各式各樣分工合作團隊的感覺。

我也想談談本書能源以外的部分，包括德國政治經濟以及轉型正義，在閱讀的過程中，這些面向宏觀和微觀的文字紀錄，讓我看得情緒起伏、激動不已，也才更能體會，一個國家的能源轉型絕不是單獨進行，而是整個社會整體厚度的積累與展現。

每個國家有屬於自己的問題要去面對，德國的能源轉型不是神話，浮現社會弱勢者的能源貧窮等議題也都是挑戰；臺灣看似百廢待舉，但長期且強悍的反核運動以及社造、社區的扎根等社會基礎，臺灣體質和鬥志也絕對不差，想少走很多冤枉路，本書真的必讀。

推薦序 政治的記憶與對未來的責任

陳瑤華｜東吳大學哲學系教授

難得有一本書，深入德國內部談東德的轉型正義問題，不只陳列成果，而是探尋如何構思。轉型正義的經驗的確無法直接移植，不過追根究柢的探尋，是讓成功或失敗的寶貴經驗被篩選、消化，成為點亮夜空的火光。尤其是透過受難也是反抗不法政權者的眼睛，我們可以看到個人的生命故事反芻，如何成為國家轉型的力量。雖然表面上只是少數個人、看起來微不足道的判斷和抵抗行動，但在沉默及謊言的迷宮裡，其實是「自由的祕密是勇氣」的最佳詮釋。

林育立書寫的東德轉型正義，讓我想起走訪柏林萬湖會議紀念館（Haus der Wannsee Konferenz）的寶貴經驗。

● 如何「紀念」加害體制？

二〇〇七年，結束德國國家人權機構訪問學人生涯的最後一週，機構的所有同事和我一起到紀念館參訪，主要是為了紀念館提供的人權教育教材及課程。對於一個人權紀念館可以將一九三三年到一九四五年所有報紙及納粹的宣傳品分門別類，成為軍、警、政、教、商及不同職業類別的人權教材，的確讓人嘆為觀止。德國同事們都是人權研究領域的專家，對於紀念館的人權教育功能，尤其印象深刻。

二〇一〇年六月，為了執行國科會的轉型正義計畫，三位博碩士生和我再次拜訪萬湖會議紀念館。當時的臺灣，正為陳嘉君破壞游文富在景美人權園區「汪希苓特區」的展覽而爭論不休，到底要先保障藝術的自由還是尊重受難者的感受？帶著如何「紀念」加害體制的種種困惑，我們非常想要知道：這個紀念館如何「紀念」一九四二年一月二十日，十五位納粹官員及將領祕密會議下達格殺尤太人「最後解決方案」的地方？館長康柏博士（Dr. Norbert Kampe）熱情邀請我們搭乘內部祕密的小電梯直通館長室，進行這一次的訪談。紀念館的後方搭著鷹架，工人們帶著工具在鷹架上來來去去整修紀念館，花園裡，一隻狐狸在樹叢中裡外穿梭，尋尋覓覓；而鴨子們在湖中嬉戲追逐的聲音，一點也不輸給不遠處帆船們的相互較勁。

深怕我們誤以為德國就是轉型正義理所當然的發源地，館長開始細數六〇年代人們的冷漠和失憶；七、八〇年代人們的積極倡議和強烈反彈；九〇年代各地開始成立紀念館，倡議者的堅持讓西德政府及民間的想法和政策逐漸改變。

以這個紀念館為例，在正式成為紀念館前，這座位於大萬湖路五六－五八號（Am Grossen Wannsee56-58）的別墅，在戰後曾經是柏林新克爾恩（Neukölln）地區學校師生的營區（Schullandsheim）。一九六〇年時這裡曾被考慮改為警察及家屬的療養中心，也曾有水上運動的協會打算將這個地方改建為划船及水上運動俱樂部。一九六六年九月，德國國會議長蓋斯麥爾（Dr. Eugen Gerstenmaier）訪問以色列，在耶路撒冷提到這個別墅應該被拆除，報紙以「終極解決之屋的問題」（Frage nach dem "Haus der Endlösung"）大肆報導。當時的柏林市長立刻出來澄清，這個別墅不會被拆掉。不過市長個人也認為應該拆除這個曾經有過「不幸、可怕事情發生」的房子，為了「關懷」受到這些可怕事情傷害的人。

● 加害者依舊四處遊走

一九六六年八月，曾在奧許維茲集中營受難的約瑟夫．吳爾夫（Joseph Wulf）和一群有志之士在柏林成立「研究國家社會主義及其後續的國際檔案中心」（Internationales Dokumentationszentrum zur Erforschung des Nationalsozialismus und seiner Folgeerscheinungen e.V.），主要研究法西斯主義的歷史現象，尤其是一九三三年到四五年德國國家社會主義。工作的範圍包括收集、分析納粹的檔案資料，編撰及出版相關的研究，以及建立一個以研究納粹不法政權宣傳及運作的圖書館。吳爾夫和成員曾考慮將這個別墅做為史料中心的地點，因為這個房子的象徵意義和他們的研究和出版相呼應，希望柏林市政府能將房子設定為研究納粹的檔案中心。經報紙披露，有一位名為古采特（Wilhelm Gutzeit）的讀者投書報紙，認為不該把勞工小孩的休憩所讓渡給一個專門「製造仇恨」的團體。一九六七年十一月，世界尤太人大會的主席古德曼（Nahum Goldman）到柏林與市政府協商，表示如果市政府答應讓檔案中心進駐別墅的話，他願意出資在同一地點蓋一座可以做為新克爾恩區學校師生的休憩所。不過，市政府拒絕這項提案。之前吳爾夫及古德曼曾經和市長及新克爾恩區的代表一起協商，代表認為如果有其他地方可用，他們不一定要以這個別墅做為小孩的休憩所。十二月市政府提議以柏林自由大學附近的兩棟建築做為檔案中心的所在地，檔案中心不接受這個提議。一九七二年一月十二日，檔案中心的名稱沒有再出現在柏林市政府民間組織的登記表上。

吳爾夫於一九七四年十月十日自殺身亡，去世前兩個月，他曾經告訴兒子大衛・吳爾夫（David Wulf），自己出版十八本關於第三帝國的書，但所有的努力卻一點效果也沒有。他非常失望，因為他覺得自己就算把相關的紀錄做到死，集中營殘害無數人生命的加害者，在已經民主化的西德波昂政府執政下，還是可以到處遊走，領著豐厚的退休金，而且住在舒適的房子裡，繼續在花園裡種花。一九八二年一月，就在萬湖會議四十週年，柏林市長馮・魏茨澤克（Richard von Weisaecker）下令在別墅前的街道設立一個紀念碑，標示這是當年納粹召開萬湖祕密會議的地點，以紀念受到國家社會主義迫害的尤太人。紀念碑豎立後屢遭破壞，最後竟被偷走。市長下令在大門入口的牆上，重新豎立一個紀念碑，並說明這個紀念碑所紀念的邪惡，並非由休憩所內的孩童來負擔，而是上了年紀的人，才應承擔過去的罪責。

● 一座建築的轉型正義

一九八七年三月，這棟別墅的所有權間接轉到柏林邦政府名下，當時的市長笛普根

（Eberhard Diepgen）即有意將這個地點設為紀念館。一九八八年九月二十九日，別墅正式登記為柏林古蹟，受到古蹟法規保護。一九九〇年柏林舍恩貝格（Schöneberg）區成立一個紀念館的籌備委員會，登記為「為了未來而記憶——萬湖會議紀念館籌備委員會」（Erinnern fuer die Zukunft – Traegverein des Hauses der Warnsee-Konferenz），目標在於紀念受到國家社會主義政治種族謀殺的受難者、揭露國家社會主義的罪行、促進民主及人權的教育。

在一九九二年一月十九日的開幕典禮上，柏林市長笛普根在演講中提到：「今天，我們聚集在此深具歷史意義的地方，一個五十年前為進行種族謀殺而（召集各部會首長）合作的萬湖會議之地點。在某種意義下，這個過去的紀念日是為現在所做的準備。因為我們今天喚回的記憶，是一個種族屠殺、史無前例的暴行。雖然我們知道國家大規模的組織性暴行不會中斷，且沒有人敢保證，未來一定不會再發生。不過，一個高度現代化的國家，用殘暴且高效率的手段，謀殺一個種族及受其管轄的所有人，僅因他們的種族，不管他們是母親、小孩子還是老年人，這在人類歷史上絕無僅有。這一天和萬湖會議的這個地點，已經成為世人眼中人類暴行的象徵。當年種族屠殺的暴行（之檢討）僅僅停留在黨衛軍（SS）的所作所為，德國的國家機器，尤其是坐在這裡開會的高官，是協同的加害人。我記得自己戰後還是學生時，曾經密集、深入地研讀殘酷的大規模謀殺尤太人的文字和圖片，從細節到我能承受的臨界點為止。沒有任何一個教材能像萬湖的會議紀錄那樣深深打動我的內心，其形式如此冷靜、精準，內容卻無與倫比地冷酷無情。今天，我們把這個地方還給歷史。這個紀念館紀念受害者、分析和討論加害人，做為政治的記憶和省思，省思我們因為這樣的記憶，產生對未來之責任（Zukunftsverantwortung）。

『為了未來而記憶』由紀念館籌備委員會所命名，做為紀念館規劃的主軸。」[1]

現今，萬湖會議的紀念館已經成為人權教育的重鎮，每年到這裡收集資料、撰寫報告的國、高中生不計其數，但還是一直有過去納粹及新納粹的成員，零星到此緬懷、歌頌納粹德國的符號和象徵，而且還大聲咆哮：「集中營的屠殺是謊言！」

如果沒有過去類似萬湖會議紀念館的轉型正義經驗，包括經歷六〇年代人們的冷漠和失憶；七、八〇年代人們的積極倡議和強烈反彈，就不可能有九〇年代各地紀念館的建立，東德的轉型正義工作也不會如此順暢。在欽羨德國轉型正義為「克服過去」（Vergangenheitsbewältigung）所做的努力之餘，我們其實也很需要知道他們背負的負面歷史遺緒，以及另一部分因對未來責任而有的戒慎恐懼。當柏林賀恩玄浩森（Hohenschoenhausen）紀念所（按：東德祕密警察的監獄）的工作人員憂心於參觀監獄紀念所的德國人口比例中，來自東德的比例較少時，我看到他們因記憶而願意承擔未來的責任，而且還不只是對德國，這個過去以嚴酷著稱的監獄和看守所的一角，同樣展示著聲援劉曉波的看板資料。相較於臺灣當時爭論保護藝術還是保存政治記憶優先的問題，憂心不法政權隨時可能捲土重來的他們，沒有其他令人感到意外的答案。

● 從他國經驗看見自身的局限

萬湖會議紀念館的人權教育清楚顯示：人們愈是對過去殘害人權手段的細節有愈多的記憶，人們就會更在意人權價值的扭曲與蔑視；對於任何可能侵害人權、蔑視人性尊嚴的社會氛圍、規定和政策，會更戒慎恐懼。臺灣到目前為止，官方都未針對特定的案件，揭露及公布一九九二年之前加害系統如何殘害人權的紀錄和檔案。[2]而學術及民間單位對於軍、警、憲、情治單位，以及行政、立法、司法、考試及監察部門如何共同形成加害的體系，以及應該承擔的責任，仍然沒有具體的研究成果。二〇〇九年景美人權園區汪希苓特區「破壞藝術」及二〇一六年新竹光復中學展演納粹事件所凸顯的，不只是來自於人權價值的扭曲，同時也來自於對納粹及國民黨黨國體制加害歷史的無知及失憶。

二〇一六年暑假，我參與第三屆模擬憲法法庭，審理杜銘哲及黃國昌等三十位立委有關轉型正義的釋憲案，成為唯一非法律專業的大法官。模擬法庭最後除了對國安法第九條第二項等法條做出違憲判決外，同時也確立臺灣一九九二年之前獨裁專制的政權為不法政權，明確指出臺灣進行轉型正義的「補償」或「賠償」是缺乏究責的「二次救濟」。換句話說，有關轉型正義維護真相、正義、賠償等權利方面，臺灣都沒有達成，更遑論可以對未來做出「永不再犯」的承諾。在判決書結論部分，模憲有提到立法及行政部門應成立真相調查的委員會、追究國民黨黨國體制的加害責任、立檔案法及停止銷毀一九九二年之前相關檔案的禁制令。不過美中不足的部分是前三項涉及糾正過去及提點未來

1 Haupt, Michael (2009). *Das Haus der Wannsee-Konferenz. Von der Industriellenvilla zur Gedenkstätte.* Paderborn: Bonifatius, 181-182.

2 一九九一年五月一日《動員戡亂時期臨時條款》廢止，同年由臺澎金馬國民選出第二屆國代，一九九二年選出第二屆立委，不法國家體制始告終結。

的結論，並沒有放入主文。從一個非法律人的觀點來看，模憲法律專業的大法官仍太受限於法律形式主義（legalism）的限制，認為此次釋憲範圍及爭點並未及於這幾項，而忽略轉型正義所涉及批判及修正實證法律之精神。不法體制的人權侵害是一種制度性的人權侵害，所有的政府部門都曾身陷其中，司法部門的大法官除了指出司法體系自我糾正的責任外，亦應對其他部門法律的濫用及錯誤，提出糾正所需的措施，讓臺灣的「依法行政」不會倒過來成為轉型正義的障礙。

德國對於納粹及東德轉型正義的經驗，以及國際上的各種嘗試和努力，雖然不能直接移植到臺灣，但檢討每一種失敗及成功的經驗，都會讓我們看到自己更多構思轉型正義的局限。如果瞭解到自由的祕密的確是勇氣，那麼讀到林育立走訪東德轉型正義工作的細節，應該也是發現自身構思轉型正義局限的重要時刻。是否有勇氣改變自己的局限，承擔自身對未來的責任，才是臺灣是否為自由、民主國家的真正考驗。

自序　擁抱改變

我為臺灣媒體報導德國，前前後後到現在正好滿十年。幾年前，我下定決心遠離即時新聞的壓力，轉投入深度報導，打開經年累積的採訪筆記後才發現，自己對特定議題原來關心了這麼久，不知不覺把這個國家的變化記錄了下來，而且還寫下了許多驚奇和感慨。這些長年的第一手觀察集結起來，就是各位讀者手上的這本書。

雖然我在大學時代就開始學德文，自認對歐洲有一定的瞭解，不過嚴格說起來，直到二〇〇六年採訪德國主辦的世界盃足球賽，我對德國的刻板印象才算第一次改觀。當時不論走到何處，都可以看到各國的球迷打成一片，小國出賽也同樣受到盛大歡迎，全德在那一整個月陷入前所未見的狂熱。除了熱情和好客，令外國觀察家大感驚訝的，是德國人終於一改戰後數十年來對國族象徵的羞恥感，在為國家隊加油時大方揮舞國旗，以身為德國人而自豪。

這個統一後在歐陸的中心新生、比過去更有自信、也願意承擔更多責任的新國家，就是本書想講的第一個重點。

二〇〇六年，正好也是梅克爾就任總理的第一年，從那一年起，德國逐漸成為國際新聞的焦點，不論是歐債危機、伊朗的核武計畫、或對出兵占領烏克蘭的俄羅斯實施禁運，都可以看到德國在幕後的斡旋。這個在經濟上逐漸擺脫統一後遺症的國家，對歐洲和世界的影響力持續在擴大，尤其能源轉型的經驗，和民主轉型後面對威權過去的實際做法，特別受到關注。

身為臺灣的記者，看到自己的國家長久以來在這兩個領域幾乎毫無建樹，難免會抱著為臺灣找出路的問題意識來採訪，希望臺灣將來能少走一些冤枉路，卻也明白路終究還是得靠自己走出來。在採訪的過程中，我一再遇到深思熟慮且信念堅定的人，但不曾聽到任何人對既有的成績感到滿意；我也注意到改變的力量來自基層，這些人的故事是本書的另一個重點。

完稿之際，穿越中部山區、連接柏林和慕尼黑的高速鐵路終於完工，為統一後的德東建設寫下里程碑，難民危機和柏林恐怖攻擊的衝擊也才剛過，德國社會顯然又度過了一次難關。我們回顧柏林圍牆倒塌以來，德國克服重重障礙的過程，終將發現一個國家學習和成長的能力，取決於全體社會對自由、法治、對話與人性尊嚴等核心價值的信念。本書說的就是德國在這個基礎上擁抱改變的故事。

PART 1
重返國際舞臺的歐陸強國

一九八九年十一月九日，柏林圍牆倒下，
兩德人民重逢的狂喜讓全世界為之動容，一年後歐陸的中心誕生了一個新國家。
在這驚濤駭浪的變局中，打造國家未來的機會和想像，激勵許多東德人投身政壇，
即將在二〇一七年秋天競選連任的德國總理梅克爾就是其中之一。
德國在她在位的十一年，領導歐洲克服一次又一次的危機，
首都柏林成了歐洲實質上的政治中心。
在梅克爾的身上，我們既能看到與時俱進的靈活，也能發現始終不變的價值，
可說是統一後的新德國最具代表性的人物。

對自己的地位更自覺的德國，這一年多來挺身而出，接納了一百多萬的難民，
人道精神再次贏得世人掌聲，卻也不免輸入陌生的文化和恐怖主義，
讓不少民眾的心情由恐懼轉為仇恨。

一個國家究竟該致力接納新來的移民，讓他們成為未來的國民，
還是繼續把自己鎖在同溫層內，排除改變的可能？
難民危機刺激德國思考將來想要成為什麼樣的國家。
在各國紛紛擁抱本國優先的此刻，人類再度面臨築牆或開放的選擇題，
這個曾經推倒圍牆的國家顯然相信：包容和對話才是出路。

1 柏林：從廢墟中重建的德國新首都

巴黎永遠是巴黎，但柏林不會一直是柏林。

——法國前文化部部長朗恩（Jack Lang），二〇〇一年

柏林雖然窮，可是性感。

——柏林前市長沃維萊特（Klaus Wowereit），二〇〇三年

一九九八年的夏天我搬來柏林，第一印象就是這個城市是個大工地。波茲坦廣場（Potsdamer Platz）上的紅色鐵皮屋，是當時全城最熱門的景點，我懷著觀光客的敬畏心情爬上頂樓，放眼望去，數十臺空中起重機正從圍牆死亡線劃開的不毛之地，拉拔起全歐洲最大的工地。城中心菩提樹大道（Unter den Linden）上的普魯士雄偉建築全被鷹架罩住，二戰轟炸遺留下來的畸零地和紅軍巷戰在牆上留下的彈孔比比皆是，永遠在整修的捷運站還得因發現未爆彈而不時關閉，天色一暗，整個柏林天空就被成千上萬的烏鴉遮蔽。

名義上柏林雖然已是德國首都，聯邦政府實際辦公的地方卻遠在萊茵河畔的西德小

鎮波昂。沒有圍牆和檢查哨的日子都快十年了，被冷戰橫生截斷的捷運網卻還沒完全銜接起來，想去巴黎得到西柏林的動物園（Zoologischer Garten）火車站搭車，想去莫斯科只有偏遠的東柏林破舊月臺才發車。當時東西柏林還是爭遺產的兄弟，為誰能分配到博物館和樂團爭得面紅耳赤，兩地人的腦袋中也還有圍牆，各有各活動的商圈和公園。

建設不斷為城市帶來新的街名，我手上拿的是統一後第五次改版、還標著圍牆路線的折疊地圖，走在傳說中的東西柏林邊界禁區，兩側只見枯寂的荒地，整座歷史名城沒有一棟修好的古蹟得以瞻仰，只有市郊充滿死亡氣息的薩克森豪森集中營（KZ Sachsenhausen）和市中心馬克思大道（Karl-Marx-Allee）上雄偉的史達林式建築，讓人一看就很難忘記。

那一年秋天，領導德國統一的柯爾（Helmut Kohl）正好被施若德（Gerhard Schröder）和費雪（Joschka Fischer）的左派紅綠聯盟趕下臺。從未經歷過戰爭的一代，取代了還活在戰爭夢魘的一代，德國終於完成遲來的世代交替。社會民主黨的施若德靠苦讀翻身，從政是為了實現公平正義，不過綠黨的費雪才是真正劃時代的人物。早在六八學運，費雪就衝在最前線，在出任外長擔任中東的和平使者前，蒙面向鎮暴警察丟石塊和開了家名為馬克思的書店是他最廣為人知的事蹟。

這對政壇新搭擋上臺不到半年，希特勒就職前被一把無名火燒掉的國會大廈正好重

建於十八世紀末的布蘭登堡門，見證近代德國和歐洲的歷史轉捩點，本身也是歷史建物雲集的菩提樹大道的起點。
©visitBerlin 攝影：Wolfgang Scholvien

建完成，聯邦政府各部會開始從波昂陸續還都柏林。二十世紀接連兩次的獨裁加上國土分裂，國家不正常的狀態延續了近一甲子，德國總算擁有一個屬於全國人民的聯邦議會（Bundestag）。屋頂的半玻璃球體一開放參觀，馬上成為這個北到波羅的海、南至阿爾卑斯山的中歐新國家最有力的象徵；從早到晚人人踩在代議士的頭上，一覽首都三百六十度的全景，可見亟欲擺脫威權的德國，嚮往的民主就是公開透明和人民作主。

雖然柯爾允諾的統一榮景遲遲沒有實現，還經常被鄰國取笑為歐洲病夫，左派執政卻成功翻轉支配戰後德國數十年的教會倫理和政商結構。同志伴侶從此可以去戶政事務所登記，超市突然出現大量有機食品的認證標章，承擔基載電力的核電廠被迫提早除役，反之屋頂新裝的太陽能板卻優先得到補貼。處處都可以嗅到急於打破陳規的實驗精神，社會上彷彿再也沒有不能挑戰的禁忌，媒體開始用「柏林共和國」來描述德國在統一後的再生。

波茲坦廣場的高樓群在千禧年後成為全城的新地標，或許因為城市命運長年受獨裁和外國擺布，每年二月在這裡舉行的國際影展特別愛討論政治。在Sony Center的富士山腳下新建的索尼總部緊靠著柏林愛樂廳（Philharmonie），一般相信這是癡迷古典音樂的日本老闆的私心，但環球唱片隨後將總部遷到柏林，卻被一致解讀為押寶城市潛力的遠見。

光二十世紀就升過五種不同國旗的首都，對居民的膚色、性向和出身都不挑剔。男男和女女在地鐵車廂內舌吻若無旁人，齋戒月和聖誕節一樣都要慶祝，連新加入的好幾萬難民也自然成為城市風景的一部分，只要你願意，誰都可以是柏林人。全城最夯的夜店幾年前還是戰火的廢墟，圍牆邊的死亡禁區現在已經是數以千計的人露天歡呼的卡拉OK。全世界走到哪裡都可以遇到一談到柏林就眉飛色舞的人，他們不是剛剛回來，就是過沒多久又要去一趟，三百萬人口的城市，每年卻吸引一千兩百萬訪客，柏林早已成為歐洲的麥加。

舊首都重生只能打掉重來，到了凌晨依舊四通八達的公共交通鼓動著思想的流動和創新，不論是服裝、手機軟體設計，或是戲劇、舞蹈、音樂和文學，創意人才密度之高在權力下放的戰後德

波茲坦廣場。Sony Center緊鄰著柏林愛樂廳的兩棟土黃色建築，是每年二月柏林影展的所在地，屋頂的富士山是柏林的新地標。
攝影：林育立

上｜柏林的同志團體Maneo，每年都會在五月十七日「國際反恐同日」舉行公開的集體接吻行動，呼籲社會大眾包容同志族群。

攝影：林育立

下｜想要體驗柏林自由和包容的氣氛，最好的方法就是星期天下午到圍牆公園（Mauerpark）欣賞露天的卡拉OK秀。

攝影：林育立

國前所未見。國際藝壇開始盛傳，在威尼斯雙年展參展的藝術家至少一半在柏林有落腳之處，歐洲最前衛最敢衝的藝術家也全都搬來柏林，潛臺詞是你在史普雷河（Spree）畔的那座喧囂城市出人頭地，才能算是躋身國際。

德國統一讓許多東德菁英失勢，但再有洞見的報社主筆也料不到那位跟在柯爾後面勤奮且話不多的東德女孩，在政壇扶搖直上成為史上第一位女總理和全國人民都信賴的老媽。每週一、三、五在柏林的聯邦記者會外國記者人數有增無減，影響歐洲的深遠決定現在全在柏林拍板，自二〇〇五年底就在位的總理梅克爾（Angela Merkel），見證了德國國力的崛起，敏感的觀察家內心都明白，歐盟實際的首都已從西歐的布魯塞爾轉移到東擴後的地理中心柏林。

德國每年移入的人口僅次於美國，緣能和汽車產品一樣供不應求，貿易順差甚至超越中國和日本。媒體樂於複製的東西德格格不入、或德國人一板一眼的刻板印象，早已無法解釋德國近年的變化。當今全球局勢走向對立，柏林卻反其道而行，想做為全人類知識和文明對話的平臺，想知道這個剛剛克服獨裁和分裂的新國家未來往哪裡走，看看菩提樹大道尾端最近又出現的工地就能明白。

2 德國未來的節拍器：石化園區百年的起落和再生

東部的化學工業是德國未來的節拍器。

——梅克爾，二〇一六年三月三日，洛伊納一百年慶祝典禮

「整個廠的狀況還是像新的一樣，你們仔細瞧瞧這些管線，看不出任何鏽蝕；工廠蓋得漂亮，工人才樂意來工作，不是嗎？」黑夫特（Klaus-Dieter Hefter）站在一座占地五十個足球場大的煉油廠前，表情像是在欣賞精心雕琢的藝術傑作，並不時發出讚嘆聲。黑夫特是出身東德的工程師，兩德統一後參與打造洛伊納（Leuna）這座全新的煉油廠，見證這個傳奇石化園區的再生。

我的注意力隨著黑夫特的視線，移到鐵絲網圍欄外一棟外觀不起眼的廠房，離煉油廠僅五十公尺遠。「你們猜猜看那是什麼？」記者們面面相覷；「那是一家造紙工廠，」此刻的黑夫特露出驕傲的神情：「造紙廠就蓋在旁邊，是對我們工安的高度肯定。」

●精心布置的露天管線

從柏林搭火車，不到兩小時就到東部的傳統工業大城哈雷（Halle），再轉乘輕軌電車沿著一九二〇年代就完工的軌道，一路往南穿過好幾個市鎮，就是這個德國面積最大的石化園區。洛伊納在二〇一六年慶祝成立一百週年，在我們造訪的五月，到處皆可聞到接骨木花盛開的清香；電車經過園區旁的德國重要河川薩勒河（Saale）時，我好奇探出窗外，看到河畔隨風飄逸的青草和清澈見底的河床，眼前盡是欣欣向榮的春日美景。

走進園區，也讓我對石油化學工業的印象完全改觀：平行的露天管線乍看之下，猶如訓練有素的德國電工精心布置的排線，將上百座廠房串連在一起。在這個面積有新竹科學園區兩倍大的石化園區內，馬路和鐵軌如棋盤般井井有序，既不見揚塵，也聞不到任何刺鼻的味道，安靜地讓人有置身模型工

●●●

全長六百公里的露天管線整整齊齊，將園區內上百家廠商串聯在一起，形成上下游分工的化工產業聚落。

©IMG　攝影：Ralf Lehmann

廠的錯覺。

洛伊納是人類最早的氮肥產地之一，納粹的坦克車用的汽油也來自這裡，在德國的化學工業史上占有一席之地；不過，在地的東德人一提起洛伊納，腦海中首先浮現的，卻是遮天蔽日的黃色煙霧，和以東德共黨第一任總書記烏布里希（Walter Ulbricht）為名的化學工廠。

●全歐汙染最嚴重的地區

洛伊納是戰後東德經濟起飛的象徵，也是東歐共產集團重要的汽油和人造纖維產地。生產所需的原油透過蘇聯建的油管，從五千公里外的烏拉山油田直接運來。二〇一六年夏天在哈雷莫利茲堡（Moritzburg）藝術史博物館展出的「洛伊納百年——日常生活、危機和世界性成就」特展，就可以在共黨當年的宣傳影片中看到這家國有的「人民企業」（Volkseigener Betrieb，簡稱VEB）的工人，如何勤奮工作為祖國的經濟貢獻心力。東德人一聽到「化學工業能帶來麵包、財富和美貌」這句無所不在的官方口號，馬上就會聯想到洛伊納那座以領導人命名的大化學廠。

但拚經濟的背後，東德也付出難以挽回的環境代價。只要連續幾天不下雨，乾燥的風一起，空氣中就飄揚著塵灰，導致附近居民不敢在室外曬衣服；由於化工廠排放的二氧化硫臭味熏天，火車乘客經過洛伊納時還得關緊窗戶。

東德當時雖被視為是世界上第十大工業國，洛伊納和周圍的化工廠組成的「化工三角區」，卻是全歐洲汙染最嚴重的地區，有毒的廢水未經處理就直接排入水域，湖底遭到汙染的爛泥淤積了十幾公尺厚，西德專家在下游的河水可以檢測到水銀、銅、鉛等重金屬。同行一名曾到東德採訪的日本記者就說，他記憶中的洛伊納，「河上都是泡沫，空氣很臭，天空一片灰暗，看不見陽光。」

除了嚴重的汙染，洛伊納與其他東德的國營企業一樣，由於生產效率遠不及西德同業，在伴隨統一而來的私有化過程中被迫分割和出售，原有的二萬七千名員工只剩下三千五百人。特展中一系列一九九〇年代初拍的照片，呈現的正是兩德剛統一時，廠房人去樓空、殘破不堪的景象。

洛伊納化工園區是東歐共產集團重要的
汽油和人造纖維產地，有三萬名員工，
是東德主要的經濟支柱。
但這裡也是歐洲當時汙染最嚴重的地區。
© Landesarchiv Sachsen-Anhalt

●統一後的轉型和再生

「世界上很少有工業區，歷經這麼劇烈的轉型，」哈利格（Martin Halliger）說；他是InfraLeuna公司、也是石化園區管理處的發言人，從小在洛伊納一帶長大。在園區工作的家人和許多鄰居在統一後失業，對於轉型的陣痛感受特別深刻。

「統一後，我們得先從汙染整治做起，不然沒有廠商敢來投資。」在地的薩赫森安哈爾特（Sachsen-Anhalt）邦政府於是立特別法，向有意進駐的廠商保證廠址的土地整治費用全由官方負擔，並成立專責的汙染整治局加速整治作業，讓受汙染的土地和地下水重新恢復潔淨。

洛伊納的整治作業到今天還在進行，「我們常聽專家說，汙染多久，整治就需要多久，」至於統一後新建的廠房，就得滿足最嚴苛的排放標準才能開工，「化工廠的廢水在處理後，現在直接排入薩勒河，我們排出的水就跟自來水一樣乾淨。」

石化業需要消耗大量的水和電，在官方的支持下，進駐洛伊納的廠商在二十年前合資創辦了InfraLeuna公司，專門打造符合業者需求的基礎建設，這套模式後來成為東德其他工業區在統一後再造的典範。化工製程所需的電、純水和蒸氣，全部來自InfraLeuna經營的汽電共生廠和設備。其他像是廢棄物和汙水的回收和處理，五分鐘內就可抵達園區任何角落的兩組消防隊，以及園區內總長六百公里的管線、九十公里的鐵軌、六十公里的馬路，和每年運送氣體和液體的二十八萬輛次的鑵車，全都由InfraLeuna管理。

我們在參觀InfraLeuna的中央管理室時還發現，整個園區的水電供應、消防安全、空氣品質和噪音，全天候二十四小時都有人在控制和監測，「廠商只要專心生產，其他的事交給我們就好，」哈利格說。

除了汙染整治和基礎建設的整合，洛伊納轉型的一大利多就是與鄰近的化工園區建立上下游產業鏈的關係。六個大小不一的園區組成「德國中部化學與塑膠聚落」

歷經多年的汙染整治，位於德國中部的洛伊納
目前已經是具有國際競爭力的綜合性石油和化學工業園區。
©IMG　攝影：Ralf Lehmann

（CeChemNet），彼此的原料、產品、知識可以相互支援，還能在招商和規劃發展策略時攜手合作。

目前在洛伊納工作的員工有九千人，只有東德時代的三分之一，但過去二十五年累積投資了二千億臺幣後，如今年產值已達四千億臺幣，在德國三十五個化工園區中排名第五。全球十大化工業者有六家在此設廠，進駐的上百家業者主要產品包括紡織纖維用的己內醯胺、黏著劑用的三聚氰胺，和塗料的原料環氧樹脂等製造業不可或缺的上游產品。其中，煉油廠的甲醇產量在歐洲居於首位，全球最重要的工業用氣體製造商林德（Linde）主要的生產基地也座落在此。

歷經統一後的持續擴張，今日的洛伊納已經是個具有國際競爭力的綜合性石油和化學工業園區。

● 定期大修的煉油廠

「緊急逃生出口就在會議室後方左右兩側，警報如果響起，請各位不要驚慌，跟著我離開就行，」隸屬法商道達爾（Total）的洛伊納煉油廠執行長佛列茲（Willi Fritz），迎接來訪記者的第一件事，不是拿出名片，而是一再強調石化工業的核心價值，讓人印象深刻：「沒有安全，我們這一行再怎麼努力都是白費工夫。」

二戰期間，盟軍對德國進行海上封鎖，斷絕德國的原油進口，納粹的科學家卻找到用煤炭量產汽油的方法，主要的產地就是洛伊納，這種獨特的煤炭液化技術所生產的燃料因此又名「洛伊納汽油」。

冷戰期間，蘇聯在東歐興建了全世界最長的輸油管，直接將原油送到洛伊納。柏林圍牆倒塌後，道達爾就是看上這樣的優勢，加上當時德國總理柯爾的極力慫恿，決定大手筆在此興建先進的煉油廠，帶動整個德東地區的重建。

「你們煉油廠的管線，為何保養得這麼好？」我問，佛列茲微微一笑解釋，根據德國法律，煉油廠和一定規模的化工廠，每五年就得停機大修一次，完成後經第三方獨立機構檢查才能復工：「兩年前的那次大修，我們動用了近百臺的起重機，從歐洲各國請

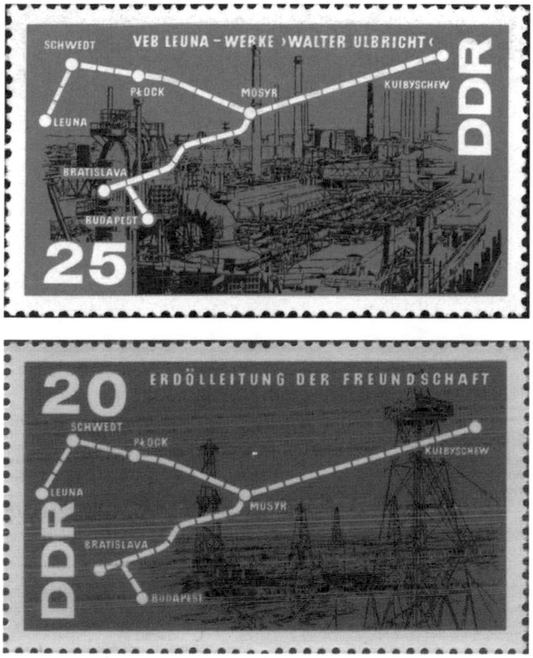

一九六〇年代興建的友誼輸油管，
直接將原油從俄羅斯運到洛伊納，
全長五千多公里目前
仍是全世界最長的輸油管道。
©Wikimedia Commons

來三千多位工人，檢修、清潔、汰換了三萬多個零件；為了確保我們的員工與外包廠商合作無間，事前我們規劃了整整三年，才能確保大修在六週內完成。」

大修的目的是確保工安，雖然停產造成了損失，廠方卻可趁機增減設備和修改製程，調整產品的種類和產量，「煉油廠大修後，更能應付接下來幾年工安和市場的需求，所以對我們來說依舊划算。」我們拿到的資料夾，附有一張記錄大修實況的光碟片，由此可見，廠方對高度複雜的大修在短時間內完成非常自豪。

●德國的經濟命脈

洛伊納的化工業傳統可以追溯到二十世紀初期，園區入口對面磚造的三層樓房就是當時的工人住宅，社區的規劃深受當時英國田園城市（Garden city）運動的影響，不僅前庭後院環境優美，社區游泳池和活動中心也一應俱全，

●●●

工安是石化業的核心價值，園區到處可以看到像這樣的安全告示牌。

©TOTAL Raffinerie　攝影：Matthias Kuch

是德國面積最大的古蹟保存區。

在臺灣只要一提到石化業，常常與居民抗爭劃上等號，那洛伊納呢？「本地民眾一連幾代都在這邊工作，對石化業本來就比較支持，」除了工安和環保要做好，和支持地方的體育和文化活動，佛列茲認為廠商主動與民眾溝通才是關鍵，「現在資訊取得比過去容易得多，我們只要有所隱瞞被發現，就很容易失去信任。」

石化業在臺灣高汙染和落伍的形象揮之不去，相較之下，德國對於石化業的社會觀感相對正面。相關產業和汽車與機械製造業一樣，被視為是國家的經濟命脈和具有未來

石化業是製造業最上游的原料來源，
德國目前有三十五個化工園區，
每年產值七兆臺幣。
©IMG　攝影：Ralf Lehmann

性的產業，七兆臺幣的年產值，近一半出口到國外。根據最近的民調，八成國民同意化工業是重視創新的產業，信任度也達七成，正面的形象與業界近年的努力有關：多數民眾同意化工業不斷在改善工安，而且比過去更樂於跟社會對話。

二〇一六年三月，德國總理梅克爾在洛伊納慶祝百年的典禮上，也特別強調化工業做為基礎工業對於德國經濟的重要性。她在致詞時，不忘回顧被納粹囚禁在洛伊納的數千名各國奴工，他們為戰爭機器賣命生產汽油的黑暗過去，以及東德時期「對進步的錯誤理解」所造成的「環境罪惡」，導致統一後崎嶇又漫長的整治作業，「在這裡，我們可以同時看到德國歷史的高峰和深淵。」

●我們正在創造化學

人類的科技發展經常與戰爭有關，科學既能造福人類，也能帶來毀滅，洛伊納百年起落的本身就是科學雙重性最好的見證。德國在一戰期間受禁運影響，無法從智利進口硝酸鈉，只好利用合成氨、也就是俗稱的阿摩尼亞來製造炸藥，大廠巴斯夫（BASF）選在法軍空襲不到的東部洛伊納建廠生產，這就是洛伊納二〇一六年慶祝百歲生日的由來，鄰近的「梅爾塞堡德國化學博物館」（Deutsches Chemie-Museum Mersebug）還可看到一組當年生產阿摩尼亞的完整設備。

不過，德國化學家當年在高溫高壓的環境下，成功將空氣中的氮轉化成阿摩尼亞，一樣也能用來生產氮肥，也就是德國人說的「來自空氣的麵包」（Brot aus Luft），後來果

法商道達爾在洛伊納興建的煉油廠，一九九七年完工後成功帶動德國東部經濟，至今仍是歐洲最先進的煉油廠。
©TOTAL Raffinerie　攝影：Heike Truckenbrodt

真為二十世紀人類的糧食生產帶來革命性的影響。一百年後的今天，我們在洛伊納這個德國工業的搖籃，還是能夠實地感受到創新對企業存續的重要性。

比如原本生產油氣、在全球能源集團當中排名第四的道達爾，為了因應能源轉型和即將到來的交通革命，近年大筆投資太陽能和智慧型電網，集團所屬的加油站最近也開始為電動車充電。

高度自動化的無人工廠是工業國家的趨勢，我們參觀的一座環氧樹脂廠就只見機器沒看到工人；林德旗下的氣體廠遍布歐洲各國，絕大多數也是由洛伊納的遠端控制中心透過寬頻網路直接操控。

身為全球化工業的龍頭，巴斯夫旗下的三百多家工廠遍布世界各地，洛伊納的廠生產的是工程塑膠用的聚醯胺。廠長魯特洛夫（Jan Rudloff）在接待我們時，特地拿出德國汽車上的門把，要我們去感受花紋和質感，這些門把全是巴斯夫和車廠共同研發。巴斯夫還與全球兩千所大學和研究機構合作，「我們握有的具競爭優勢的專利數量，在業界排名第一，我們就是靠研發走在同業前面。」

如果不是靠全方位的基礎建設、政府的居中牽線、汙染的整治、嚴格的排放和工安標準、與當地民眾的互信，和與鄰近工業區的聚落效應，洛伊納到今天可能還是一片廢墟，但在參訪多家廠商後，我的印象是，洛伊納的百年傳奇之所以能繼續寫下去，靠的還是創新。我想起巴斯夫慶祝創立一百五十週年時，在公司商標下方新加上的那句口號，背後所透露的自我期許和自信：「我們正在創造化學」（We create chemistry）。

3 自由的祕密是勇氣：梅克爾的堅持和遠見

德國與美國享有共同的價值：民主、自由、對法律和對人性尊嚴的尊重，不論對方的出身、膚色、信仰、性別、性傾向或政治立場；我願意在這些價值的基礎上，與未來的美國總統川普密切合作。

——梅克爾祝賀川普當選美國總統的聲明，二〇一六年十一月九日

川普的勝選讓梅克爾成為自由西方最後的捍衛者。

——《紐約時報》，二〇一六年十一月十二日

梅克爾是我總統任內最重要的夥伴之一，她的人格特質對德國、歐洲和全世界都有幫助。她誠實、強悍、準備周詳、知道問題所在、有自己的堅持……她是可靠的象徵，願意為價值而奮鬥……假如我是德國人的話我就會選她。

——美國前總統歐巴馬，柏林告別之旅，二〇一六年十一月十七日

「她明明絕頂聰明，可是表示意見前一定會考慮再三，想清楚才講；我們小組討論時，她也從不堅持己見，隨時願意修正自己的看法，」德紹（Lydia Dessau）談起老同事梅克爾，腦海中最早浮現的是她內斂和務實的一面。德紹身後的墨綠色黑板，還是東德時期所留下的。三十年前，梅克爾就是在這間教室內進行博士論文答辯，「我記得很清楚，平時只穿長褲的她，那天還刻意穿了裙子，把自己打扮得漂漂亮亮。」

這裡是東柏林最大的科學園區阿德勒斯霍夫（Adlershof），對外號稱是「德國最先進的科技工業園區」，在東德時期也是全國最高學術研究機構的所在地，德紹和梅克爾年輕時，都是國家科學院聘用的物理學家。

東德在兩德統一後投入市場經濟的懷抱，改變了所有東德人的命運。轉換

僅十九歲的梅克爾，考完高中會考後，與朋友一起去露營，在營火上準備食物。
當時她還跟父親一樣姓克斯納（Kasner）。
©picture alliance/dpa

人生跑道從政的梅克爾，擔任德國總理走過十一個年頭，如今已是歐盟在位最久的政府領導人；在園區改負責招商的德紹，經手的科技業者更突破一千家，見證德國東部在兩德統一後的重建和繁榮。

梅克爾的實驗室和辦公室，統一後沒多久就被拆個精光，只剩下一排兩層樓的教室，還保有共產時代禁錮的氣氛，剝落的外牆與四周嶄新的廠房大樓相比，顯得相當寒酸。

梅克爾從政後，很少談論自己做為科學家的前半生，只約略談到當時不太和同事談政治：「講話稍微踩到紅線，就有可能被找麻煩。」她對威權體制最不滿的地方是：「人的發展處處受限，不知道自己能力的底線在那裡。」

●柏林圍牆倒塌改變命運

梅克爾的故鄉是德國東北部人口僅一萬人的貧瘠小鎮。她從小在學校成績名列前茅，憑天賦和努力成為終身職的學者，在同事的眼裡是位埋頭苦幹的科學家。

梅克爾不僅沒有入黨，在黨國體制底下因而無緣參政，還崇拜喜歡在歌詞中挖苦共黨當局的歌手畢爾曼（Wolf Biermann），與一般東德民眾一樣在家偷偷收看西德的電視，看到東西德新聞報導的巨大差異。

一九八九年十一月九日的晚上，再也無法忍受共產黨高壓統治的東柏林民眾，團結起來推倒柏林圍牆，她的政治天分才嶄露頭角。

圍牆倒塌三個月後，科學院的院長在學院的大門口貼了一張聲明：「是的，我們支持改革，可是改革必須依法行政。」當時威權統治東德四十年的共黨還沒下臺，政治局勢依舊緊繃，這裡所說的法，指的當然是東德的法律，身兼黨政要職的院長，藉此警告同仁不要輕舉妄動。

沒想到第二天一大早，院長聲明旁貼了一張大小一模一樣的公開信：「不過，法律能修改，也必須被修改。」署名的正是安格拉・梅克爾（Angela Merkel）。「妳真勇敢！」在同間實驗室工作的德紹，特地打電話向她致敬。

在威權政黨垮臺的動盪年代，權力結構突然出現真空，正是新手初試身手的大好機會。那年三十五歲的梅克爾，再也無法滿足於平靜的學術生活。工作之餘，她先加入民運人士成立的新黨，從準備講稿和海報等基層的政治宣傳工作做起。不到半年，她就意外被東德最後一任總理梅基耶（Lothar de Maizière）賞識，擔任政府發言人的副手。在高度敏感的轉型期，接受政治最前線殘酷的考驗，她的名字開始在媒體上曝光。

柏林圍牆倒後不到一年，東西德完成統一，緊接著舉行第一次全國性大選。改而加入保守派大黨基督教民主聯盟（Christlich-Demokratische Union Deutschlands；簡稱 CDU）的梅克爾，在自己的選區拿下近五成的高票，隨後獲得總理柯爾的拔擢擔任公職。這時，她才正式揮別學術生涯，踏上後半生的從政之路。

與許多東德人一樣，梅克爾抓住專制政權瓦解的機遇，在統一後的新德國，大膽展開人生的第二春。學者從政能加分嗎？從老同事對她的評價來看，答案是肯定的。

德紹認為，梅克爾在同儕間以邏輯思維見長，學術訓練幫助她在分析政策時專注在本質，不輕易受表象迷惑，「我觀察她這些年的施政，常想到我們當年一起做實驗，她總是一試再試，從不輕言放棄，這點她真的一點也沒有變。」

柏林菩提樹大道上熱門的觀光景點杜莎夫人蠟像館（Madame Tussauds），最近多了一座梅克爾的蠟像，慶祝她執政十週年；加上原來的兩座，三座蠟像一字排開，恰好代表她十年總理任內的三個任期。

最左邊、也是最早完成的那一座，梅克爾從西裝外套、鈕扣到長褲全是暗黑色，脖子上沒有戴任何首飾，雙手上下交疊放在印有國徽的講臺上，這是德國史上第一位女總理，也是五十一歲最年輕的總理宣誓就職的歷史時刻。

面對我們這些來訪的記者，蠟像館的公關解釋道：「她剛上任的時候還有點害羞，常怕說溜

梅克爾在東德最後一任總理梅基耶（左）的內閣擔任副發言人，第一次在政壇上展露頭角。
©Wikimedia Commons/Bundesarchiv

了嘴，頭髮向後梳，髮型看來有點老氣。」

到了中間那一座、也就是二〇〇九年開始的第二任，梅克爾改穿明亮的粉紅外套，雙手放在腹部，臉上露出滿足的笑容，「她現在外套的顏色選擇比以前多，講話也比較有自信了。」

最右邊、也是最新的一座，是蠟像館的工作人員根據兩年前的照片所完成。邁向第三個任期的梅克爾，身上的紫紅色外套剪裁俐落大方，與頸上的瑪瑙項鍊堪稱絕配，雙手拇指和食指指尖相觸於腹部前，擺出她招牌的菱形手勢，與她平時在國際場合給人的印象相去不遠。

「權力會改變一個人的外表，她現在站得更穩，髮色也明亮多了，多少給人媽媽的感覺。」這位公關的形容，讓我想到德國人對這位剛慶祝六十大壽女總理的暱稱：「老媽」（Mutti）。

● 政壇邊緣人

占地兩層的蠟像館，還有好萊塢演員喬治．克隆尼（George Clooney），以及身高超過一百九十公分的德國國家足球隊當家門將諾伊爾（Manuel Neuer）等娛樂和運動界的明星，但全館最受歡迎的蠟像，卻是政治人物梅克爾。每當館內遊客一多，想跟她合照的人就得排隊，著實令人難以想像，在政壇呼風喚雨的她，參政一路走來的坎坷和艱辛。

二十六年前德國剛統一時，出身牧師家庭的梅克爾，由於同時擁有東德、女性、基督徒和年輕世代等多重身分，正好符合來自西德的基民盟極力想在東部拉攏的族群，因而被剛剛才完成「統一大業」的柯爾重用。參政短短不到一年，才三十六歲的梅克爾就幸運入閣，先後擔任婦女部和環境部部長。

然而德國的政壇和媒體，當時仍由西德的男性掌權，而且論及政治倫理，梅克爾在黨內的地位還很卑微。更令她難堪的是，西德人在面對東德人時，很難避免冷戰遺留下來的刻板印象，對來自鐵幕的人總有股莫名的優越感，梅克爾難免被媒體冷處理，沒人看好她能更上一層樓。

翻開當年的報紙，在身材和形象都讓人有壓迫感的柯爾身邊，梅克爾總是被描述為無足輕重、「沒有自己腦袋」的年輕女配角。媒體常拿她的「鍋蓋」髮型開玩笑，從父權角度用帶有貶義的「柯爾的女孩」來挖苦她。

一位派駐柏林超過三十年的奧地利同業有次就說，當時梅克爾曾私下向他抱怨，自己是

梅克爾被柯爾提拔出任部長，不過當年還是政治新手的她在政壇的地位還很卑微。
©Bundesstiftung Aufarbeitung　攝影：Klaus Mehner

政壇的「邊緣人」，誇誇其談的男性政治人物動不動就跟她搶話，讓她相當懊惱，「那些自大的西德記者，根本不把我當一回事。」

●把對手擊沉

擅長拍攝人物的德國攝影記者克爾伯（Herlinde Koelbl），曾用黑白人像攝影的手法，每隔幾年拍攝同一位政治人物，出版攝影集《權力的痕跡》（*Spuren der Macht*）。這本攝影集是梅克爾早年從政的珍貴紀錄，也是她少數向記者吐露心聲的時刻。透過克爾伯細膩的觀察，我們可以看到一九九〇年代初的梅克爾還留著短髮，外型比較像是埋頭苦幹的事務官，坐在椅子上的她頭壓得低低的，對鏡頭有戒心，誰都可以看得出她坐立不安。

當年在政壇上還孤立無援，受柯爾延攬才得以加入執政團隊的梅克爾，坦率告訴克爾伯：「我沒有安全感，椅子也還沒坐穩。」德國政壇當時還很少有女性擔任要角，梅克爾對於記者常常議論她的外表非常不滿：「我有沒有塗唇膏又無關緊要。」照片上的她肢體僵硬，眼神隱約透露出疲累感，然而從政的意志似乎相當堅定，「政治工作的高壓，會讓一個人變得麻木，我得發展出一套策略，讓自己能夠存活下來。」

梅克爾不是誤入叢林的小白兔，本性深思熟慮的她，從政一開始就知道自己沒有退路，對政治的殘酷本質看得非常透徹。對她來說，政治就是日復一日的鬥爭，唯有對權力高度自覺和犯下最少錯誤的人，才有可能脫穎而出。

德國政壇當年最炙手可熱的明星是反對黨社會民主黨（Sozialdemokratische Partei

Deutschlands；簡稱SPD）的領袖施若德，在下薩克森邦擔任總理的他，最被看好能挑戰柯爾的總理大位；至於梅克爾，只不過是在黨內和政壇都備受冷落的年輕環境部長。

過幾年，克爾伯再去找梅克爾拍照時，她正以環境部長的身分與施若德在核廢料存放的問題上角力。盛氣凌人的施若德，經常把兩人談判的經過爆料給記者，讓她既氣憤又沮喪。

「貫徹自己的意志，有點像是把對手的船擊沉，每次正中目標，我都感到痛快，」才在政壇上打滾六年，梅克爾就展現出強烈鬥志，以充滿霸氣的口吻對克爾伯說：「我親口告訴施若德，有一天我會像他對我一樣，把他逼到牆角，我非常期待這一刻的來臨，不過我還需要時間。」

●弒父奪權

梅克爾在柯爾麾下擔任部長的這八年，是她熟悉政府運作和政治性格養成的關鍵時期。據為她寫下多本傳記的《南德日報》（*Süddeutsche Zeitung*）資深記者伊芙琳・洛爾（Evelyn Roll）的描述，當年的梅克爾是「精準而且學習能力超強的觀察家」，總是能「保持科學家冷靜的頭腦」，冷眼觀察她在政壇上的「養父」柯爾，如何在政敵和輿論的炮火攻擊下安全脫身。梅克爾出任總理多年後也承認，自己是「柯爾學校畢業」的，從這位德國史上在位最久的「老總理」（Altkanzler，德國人對卸任總理的敬稱）身上獲益良多。

身為內閣中唯一的東德人，梅克爾不是說話最大聲的閣員，卻不放過任何學習和表現的機會，對政策所下的研究和準備工夫無人出其右，對政策細節和歷史脈絡的全盤掌握，成了她後來在政壇屹立不搖的本錢。

一九九五年，聯合國氣候變化綱要公約第一次締約方會議（COP 1）在柏林舉行。時任環境部長的梅克爾身為東道主，代表德國拋磚引玉，在工業國家當中率先自我約束碳排量，讓原本幾乎觸礁的會議起死回生。才剛滿四十歲的她在國際舞臺上初試啼聲，就以對政策的嫻熟、靈活的談判手腕，和堅定的意志力，展露政治才華，令各國代表刮目相看。

梅克爾如鴨子划水般，在統一後的德國政壇一點一滴累積歷練和實力。「說話算話、從不迴避爭議，措辭精準且具體，從目標回推擬定談判的策略，對不同立場持開放的態度，」洛爾如此描寫梅克爾當年的談判技巧，「物理學家的分析能力果真派上用場。」

一九九八年大選，選民對連續執政十六年的柯爾政府感到厭倦，順勢將施若德推上總理寶座。淪為在野黨的基民盟，次年又不幸捲入政治獻金風暴，擔任黨主席二十五年之久的柯爾，開設在瑞士銀行的祕密帳戶被媒體曝光，他卻拒絕透露金主姓名。全黨從上到下懾於他的崇高地位，沒有人敢站出來批評，主宰戰後德國政壇的基民盟，正面臨創黨以來最嚴重的認同危機。

時任黨祕書長的梅克爾眼看機不可失，事前沒有與任何一位黨內大老商量，就親自投書大報，呼籲全體黨員與柯爾切割，震驚德國政壇。「柯爾已經對黨造成傷害，」梅克爾在這封見報當下就被視為是重要歷史文件的公開信中，點名批判基民盟的大家長，鼓勵黨內同志勇於改變，「就像青春期的子女脫離原生家庭，走出自己的路，我們要有自信，就算將來沒有柯爾，也能與對手平起平坐。」

梅克爾原本不是柯爾欽定的接班人，在黨內中生代的卡位戰中也長期屈於劣勢，卻憑著膽識和精密的盤算，在風雨飄搖的時刻挺身而出，一夕間成為全黨的意見領袖。縱然她不惜背叛提攜她的貴人，被部分同志視為無情無義，也無損她的領導地位。

三個月後，梅克爾的聲望已無人能及，如願以償在全國黨代表大會上，以九六%的超高支持率登上黨主席的寶座。梅克爾當家的基民盟，從此在地方選舉攻城掠地，她也一舉甩開「柯爾的女孩」的包袱，為德國近代政治寫下「弒父」傳奇。

兩德統一後三個月，原本在東德當科學家的梅克爾就被總理柯爾破格提拔，出任婦女部長，媒體因此長年都用帶有貶義的「柯爾的女孩」來稱呼她。
圖為一九九一年的基民盟黨代表大會，當時梅克爾才三十七歲。
©picture alliance/dpa

總理卸任後開放自己的私人資料庫，邀請權威歷史學者為自己作傳，鞏固歷史定位，在德國是行之有年的傳統。不過，二〇一五年九月一場前總理施若德的傳記發表會，由於梅克爾允諾擔任引言人，兩位前後任總理多年來首度同臺，還是在柏林的政治圈引起不小的騷動。一大早，我擠身在上百位記者和國會助理組成的隊伍中，等著拿號碼牌進場。

施若德擔任總理時，梅克爾是在野黨的主席，兩人分屬左右兩大政黨，個性也南轅北轍。被輿論封為「媒體總理」的施若德，演說時情緒外放煽動力十足，既善於曝光私生活營造親和形象，也樂於享受權力的光環，一上臺就不顧左派死忠選民的觀感，大抽名貴的哈瓦那雪茄而轟動一時。反觀梅克爾，演講向來以知性和內涵取勝，不擅長訴諸感情爭取選民認同，也不輕易表露自己的好惡和情緒，對個人的言行舉止表現出高度自制力。

一位資深的國會議員有次就形容，若施若德是大搖大擺走到臺上，向所有的人聲嘶力竭說我要當總理，那梅克爾就是躲在角落，等門開了再不聲不響地溜進去。

●擺脫美國桎梏

儘管兩人在國會殿堂上針鋒相對多年，如今已三連任的梅克爾，對昔日的死對頭卻充滿敬意。她上臺致詞時，首先回憶施若德困苦的童年時光，和他在二戰中亡故、從未謀面的父親，「這本超過一千頁、用現在式寫的書，值得從頭讀到尾，」她隨手放在講臺上那厚厚的一本，果然夾著不同顏色的書籤。

當梅克爾提到，一手把施若德扶養長大的母親，一輩子雖然受了那麼多苦，直到幾年前去世，「對他仍只有愛」時，施若德忍不住眼泛淚光。

德國在戰後成了廢墟，施若德的父執輩多死於戰亂。半工半讀考上律師的他，與靠反核運動起家的綠黨，在一九九八年大選聯手擊敗柯爾，象徵戰後嬰兒潮世代的崛起，也標誌著德國在戰後四十五年結束分裂、重拾主權和尊嚴後，邁向正常化國家的開始。

在施若德執政的七年當中，德國派軍轟炸獨裁者米洛塞維奇（Slobodan Milošević）統治的南斯拉夫，創下戰後第一次出兵的紀錄；公然反對小布希（George W. Bush）政府進軍伊拉克，打破過去唯美國是從的外交傳統；並與大國合作阻止伊朗發展核武，調停中東敵對勢力的紛爭，積極爭取聯合國安理會常任理事國的席位。他還參加盟軍慶祝諾曼第登陸六十週年的

二〇一五年九月，
梅克爾出席前總理施若德的傳記發表會，這是兩位前後任總理少數同臺的場合，站在兩人中間的是施若德的傳記作者、以外交史和總理傳記聞名的德國歷史學家邵爾根（Gregor Schöllgen）。
攝影：林育立

典禮，成為戰後第一位受邀的德國總理。

當梅克爾二〇〇五年從他手中接下總理一職時，德國已快要從分裂國家的陰影走出，擺脫冷戰以來美國的桎梏，對自己在歐洲的地位更有自覺，也願意承擔更多的國際責任。

不過在內政上，兩德統一和勞工享受的高福利卻為國家財政帶來沉重的負擔，失業率居高不下的德國被鄰國取笑為「歐洲病夫」。施若德因此不顧黨內反彈，大刀闊斧推動名為「二〇一〇議程」（Agenda 2010）的改革，藉由大砍失業者福利、強化再就業者培訓、放寬勞動派遣，和引進彈性工時等方式，鬆綁僵化的勞動市場，提高勞動參與率。一般公認，施若德的改革是德國經濟的分水嶺，現在德國失業率降到統一後新低，出口競爭力傲視世界各國，「二〇一〇議程」功不可沒。

「正是因為施若德的改革，德國的景氣才這麼好，這點不用懷疑，」坐在梅克爾身後的老總理，對於她刻意擡高音量向他致敬，露出了滿意的微笑。

● 沉著應變當上總理

施若德出身貧戶，屬草莽型的政治人物，梅克爾素人參政，靠政策和談判起家，兩人家世都不顯赫，都是靠自己努力才爬到權力的巔峰。梅克爾演講時，回想兩人交手的經驗，特意引述施若德在政壇流傳甚廣的名言，多少也是自身經驗的寫照：「你不追逐權力，那你為何從政？」但前者竟在關鍵時刻沉不住氣，拱手讓出總理寶座，如同梅克爾那封傳奇性的讀者投書，至今仍是德國政壇津津樂道的故事。

二〇〇五年九月十八日，德國舉行國會大選，出口民調顯示，氣勢如虹的執政黨社民黨，只落後基民盟和姐妹黨的結盟不到一個百分點，其他小黨也多有斬獲。梅克爾雖拿下些微多數，但選情遠遠不如預期，黨主席的位子岌岌可危，能否聯合其他政黨組成政府仍是未知數。

自以為勝利在握的施若德，當晚在全國民眾選情之夜必看的談話性節目上，當面對著梅克爾開炮：「結果再清楚也不過，除了我，沒人能組成穩定的聯合政府」、「真有人以為，在目前的情勢下，我領導的黨會和梅克爾女士談判，讓她當總理？不要太過分了！」鏡頭轉到坐在他對面的梅克爾，只見她抿著嘴唇，表情木訥，絲毫不為所動。

施若德萬萬沒料到，這段在傳記中被描寫為「男性賀爾蒙爆炸」的失言，竟為梅克爾的政治生涯帶來決定性的翻轉。

第二天，全國報紙口徑一致：「他腦袋到底在想什麼？」「他喝醉了嗎？」施若德頓時成為輿論的箭靶。反倒是梅克爾，在新國會開議的第一天就高票當選黨團主席。她先求安定軍心，接著小心翼翼地試探小黨和社民黨的態度，自始至終保密到家，試圖拿下過半席位。

兩個月後，梅克爾果真成功消弭兩大黨的歧見，有驚無險組成左右共治的大聯合政府。梅克爾宣誓就職總理的第二天，施若德黯然宣布退出政壇。

十年後，在自己傳記的發表會上，被問到當年戲劇性的轉折，一向喜怒形於色的施若德，忍不住自我調侃：「現在拉開距離，看得比較開了，那天在電視上的表現的確是

二〇〇五年九月十八日，大選當晚全國民眾必看的談話性節目上，
施若德氣焰囂張頻頻失言，反倒是梅克爾力圖鎮定，
結果前者竟因此而丟掉總理寶座，這個節目從此也成了德國電視史上的經典。
圖片取材自：https://www.youtube.com/watch?v=hS3Vw-H_hC

不大理想。」「那是德國電視史上的經典節目，不是嗎？」梅克爾見現場笑聲不斷，索性吐露當時心境：「那晚有人說個不停，並且還這麼想說，我當下其實還蠻感激的。」語畢大家轟然大笑，施若德聽罷漲紅了臉，只得陪著苦笑。

梅克爾當上總理後仍上同一家美髮院，洗頭時坐在其他客人中間，不願接受特殊待遇。她也堅持不搬進總理專屬官邸，而是和先生繼續住在戰前蓋的老公寓，德國民眾對國家領導人住在柏林市中心一棟外觀樸實的公寓早已習以為常，門口平日就站著兩位警察，沒人會去按電鈴打擾。

幾年前，中國總理李克強來訪，喜歡下廚的梅克爾，還專程帶他去自己每週都會報到的超市買菜，和往常一樣掏出錢包付帳，順便向他解釋德國香腸的種類和南瓜的煮法。

除了繼續過著平民般的生活，梅克爾的工作紀律和體力在歐洲政壇也是無人不知。每天早上為先生做完早餐，八點整她就準時在辦公室聽幕僚簡報。在歐盟定期舉辦的高峰會上，即使徹夜與各國領袖激辯，到了次日清晨依然能主持談判，達成重大決議。在記者會上我就經常發現，一整天行程下來的她思路仍然清晰，用字精準，反倒是臺下的記者哈欠連連。

梅克爾的勤奮和責任感，顯然源自基督新教的家庭背景。她從小養成刻苦耐勞的習慣，對物質的需求不高，出任總理後，更不時工作到深夜，靠小睡和長睡儲備體力。按她自己的說法，財產「可多可少，遲早會轉讓給別人」，最大的奢侈不是買名牌包，而是「睡飽飽和把手機關掉」。

所以每到週末，梅克爾就驅車遠離柏林，回到北方地廣人稀的故鄉，親近大片的森林和湖泊，讓自己沉澱和放空。北德這一帶的風土接近北歐斯堪地那維亞半島，平日靜悄悄的，只聽得見風聲和浪聲，一年有近一半是蕭瑟的冬天，酷寒的氣候鍛鍊出她堅毅的性格。

那棟外觀與村落其他房子沒什麼兩樣的白色小屋，是梅克爾絕對的私人空間，她可以下廚請朋友來家裡作客，盡情看她熱愛的足球賽和聽歌劇，到了夏天還可以到湖裡游泳，完全不用擔心媒體的打擾。

●興趣與個性相投的先生

普遍來說，德國媒體對公眾人物的隱

●●●

每當德國主辦高峰會，梅克爾的夫婿邵爾就以東道主的身分，負責陪伴各國的第一夫人。圖為二〇〇七年德國主辦的八大工業國高峰會。

©picture alliance/dpa

私相當尊重，民眾關心的是政策，對政治人物的感情世界則不感興趣。一向謹守公私分際的梅克爾，受訪時更是戰戰兢兢，避談家人和朋友，因此外界對長她五歲的德國「第一先生」邵爾（Joachim Sauer）所知非常有限。

邵爾和梅克爾一樣聰明和好學，二十五歲拿到化學博士，十年後升等為大學教授，在國際學術圈是知名的學者。兩人在科學院結識，梅克爾在她裝訂成冊的博士論文中，還特別向「邵爾教授批判性的審閱」表示謝意。

梅克爾與邵爾各離過一次婚，前者還保有前夫的姓，兩人同居十幾年後才去登記結婚，但當時已是環境部長的梅克爾，事先卻沒有通知記者，幾天後才在報上刊登一則迷你的結婚啟事，可見這對夫婦低調的行事作風。

在梅克爾剛出任總理的前幾年，偶爾

梅克爾的外套用色大膽，在一排男性政治人物當中總是特別搶眼。
圖為二〇一五年德國主辦的七大工業國高峰會。
©Bundesregierung/Gottschalk

還可以看到她勾著先生的手臂，兩人有說有笑，互動非常親密。但整體來說，若非重度歌劇迷非朝聖不可的拜魯特華格納音樂節（Bayreuther Festspiele），只有在覲見教宗和外國元首也攜伴的零星場合，邵爾才會選擇性地和梅克爾公開露面。平時夫妻各有各的生活圈，他「歌劇魅影」的綽號因此不脛而走。

我唯一一次有機會近距離觀察邵爾，是在二〇一三年大選基民盟的慶功晚會上。當時邵爾隱身在臺下歡呼的人群中，聽梅克爾在臺上發表勝選感言，臉上堆滿笑容，難掩對妻子的驕傲，但還沒聽完就自己一人默默從後門離開。

邵爾鮮少接受媒體訪問，即使有也只談自己的學術專業，絕口不提他那從政的太太。他平日深居簡出，表情嚴肅給人難以親近的印象，不過柏林的政治圈公認，他才是梅克爾最重要的幕僚。梅克爾有次受訪時也不小心透露，她先生是位「好顧問」，會為演講稿出意見。

邵爾與梅克爾同樣出身東德，深受獨裁之害，早在學生時代就勇敢抗議當局對歌手畢爾曼的打壓；他對政治的敏銳，和直來直往、不愛講場面話的個性，與梅克爾相比不遑多讓。幾年前，邵爾接受大學校刊專訪，被問到東德學術圈的情況時就說：「如果不考慮那些對共產主義有堅定信仰的人，我們這些在大學或科學院有位子的人，都是不同程度的投機主義者。」

● 講真心話的友人

在德國，唯有交往多年而且真正信得過的人，才能稱得上是「朋友」，其他只能算「認識的人」，一般人一生只交幾個朋友，友誼往往維持一輩子。梅克爾在朝野、政府和民間都有知心友人，平時靠簡訊和打電話聯絡感情。梅克爾與幕僚也經常互傳簡訊，我們記者坐在國會二樓的媒體席，就常看到她趁空檔的時候低著頭，雙手並用熟練地打字，低調又有效率地完成溝通。

梅克爾素來謹言慎行，有趣的是，不論是她的朋友或親信，面對媒體話也不多，記者很難從他們身上打聽到有關梅克爾的種種，似乎於公於私都只有守口如瓶的人，才能得到她的信任。德國政治圈因此有「梅克爾太陽系」的說法，指的是寫簡訊給她沒多久她一定回、跟她互動只講真心話的友人，人數雖然不多，卻全是她深入民情的管道。

樂於接觸新事物的梅克爾，還喜歡透過朋友認識新的朋友，藉由深談瞭解不同的想法，她有次就勸告沉溺社群媒體的年輕人：「面對面的溝通無法取代。」據曾經和她喝酒聊一整晚的中國作家說，梅克爾私底下相當平易近人，屢屢流露出真性情，和公開場合繃著一張臉的她很不一樣。她傾聽時精神專注，不斷針對中國的情勢發問，談吐中透露她有閱讀的習慣，讓人印象深刻。

為了寫傳記而定期到總理府訪問她的記者洛爾也說，梅克爾從不擺架子，約好時間一定準時出現，每次都自己開門請她進來，「如此家常，如此謙虛，跟人互動時興致高昂，這是真實世界的梅克爾一再讓人驚奇的地方。」

曾在柏林拍攝《間諜橋》（*Bridge of Spies*）的美國電影導演史匹柏，同樣被梅克爾的誠懇打動。她不僅邀史匹柏和演員到辦公室，向他們描述自己在圍牆倒塌當晚的驚險經歷，還曾在氣溫降到零度以下的寒冬清晨，親自到見證美蘇換諜的格林尼克橋（Glienicker Brücke）探班。

那天，她對每位工作人員在劇組的任務不停發問，還站在攝影師後面專心看他拍片，待了一個多小時才走。「直到今天，我沒有看過像她這麼好奇的人，」史匹柏說：「我的攝影師還是興奮地到處跟人說，梅克爾親口稱讚他是一位藝術家。」

與梅克爾夫婿邵爾同樣在柏林洪堡大學（Humboldt-Universität zu Berlin）任教的學者穆克勒（Herfried Münkler），專治思想史和戰爭史，長久以來就以對歐洲局勢的精闢見解，在政治圈享有盛名；但他在二〇一五年、也就是梅克爾就任十週年的前夕與我們外國記者座談時，對梅克爾在國際政壇竄起的速度，仍不免感到驚奇：「她剛就任總理時，全歐洲沒人能料到，這位來自東德的物理學家，十年後竟成為全世界最有權力的女人。」

曾在德國政府擔任顧問的穆克勒分析，保持沉默、諱莫如深、順應時勢和勇於大轉彎，是梅克爾縱橫政壇的祕訣；而這樣的領導風格，與威權體制下的生活經驗脫不了關係。

●先觀望再出手

梅克爾成長在無神論的共產國家，全家卻篤信基督教，身為牧師的女兒只要講錯一句話，就可能為家人帶來麻煩。後來她到官方的科學院工作，身邊更到處是情治單位史塔西（Stasi）安插的眼線，講話一不小心就留下案底，影響工作的升遷。內心與外在的衝突，迫使梅克爾很早便學會隱藏自己，在事情沒弄清楚前寧願先觀望，等到有充分把握後再表態。

梅克爾自己曾經說過：「東德的好處是讓人學會沉默」、「等視線明朗再行動」。十一年前的國會大選，她在逆境中力圖鎮定，在總理爭奪戰中將施若德「逼到牆角」，就是沉默策略發揮到極致的例子。

正因為梅克爾不強出頭，同輩的競爭對手多誤以為她沒有政治野心。梅克爾進入政壇後只花了十年時間，就在女性出頭機會渺茫的保守黨奪下黨主席的大位，可是在大老的眼中，她不過是個過渡性人選，任務是以清白的東德局外人身分，協助全黨在密帳醜聞後重拾選民的信任，許多人虎視眈眈，隨時想取而代之。直到她率領全黨自谷底翻身，五年後就奪回政權，黨內的雜音才逐漸消失。當媒體開始用童話裡的灰姑娘來比擬、封她是「被低估的可怕對手」時，梅克爾早已坐穩權力的寶座。

穆克勒舉當年的逼宮戲碼為例，指出梅克爾一向不急著出手，而是等到風向對自己有利，確定決策滴水不漏後，才給柯爾補上致命的一刀，「她對出手時機有種本能性的敏銳。」

至於那些一看到麥克風就撲上去的男性政敵，下場大多好不到哪裡去，「對手攻擊的火力再猛烈，梅克爾還是有辦法沉得住氣，不輕易被挑釁而動怒，」穆克勒直言：「反正到頭來，那些男人還不是會自相殘殺。」

德國的年輕人對她的行事風格再熟悉也不過，索性把她的姓當動詞來用：merkeln，意思是「什麼都不做、不決定、也不吐露半點風聲」。二〇一五年，全國網友票選新世代的熱門用語時，這個字還登上了榜首。風靡美國知識圈的《紐約客》（*The New Yorker*）雜誌，在一篇人物特寫中稱梅克爾為「沉默的德國人」，連德國媒體也常常猜不透她的心思，乾脆給她取個綽號叫作「霧中女王」。

●善於調和不同意見

梅克爾以拖待變的性格，容易造成決策延宕，但穆克勒認為，在歐洲既有的政治框架下，這點正凸顯她的務實和政治智慧。

在內閣制的德國，國會席次完全根據第二票政黨票的比例來分配，沒有任何政黨能拿下過半席位單獨執政，非得與其他黨組成聯合政府不可；法案在國會通過後，還得送進參議院，交給代表地方山頭的邦政府審查，政府施政處處受到黨派和地方利益的牽制。到了歐盟的層級，二十八個會員國更是各有各的堅持，決策過程漫長而痛苦，只有各讓一步才有可能達成共識。

因此，在找到立場相近的盟友之前，梅克爾只能見機行事，被問到時態度總是模稜兩可，就像她輪著穿的不同顏色的外套，總是讓人難以參透顏色背後的玄機。一些英美媒體喜歡稱她為「鐵娘子」，把她和前英國首相柴契爾夫人（Margaret Thatcher）相提並論，但嚴格說來，梅克爾善於調和不同意見、為避免衝突寧願妥協，和瞻前顧後的猶豫性格，恰恰與柴契爾果決的強硬領導形成鮮明的對比。

在歐盟的高峰會上，就經常可以看到梅克爾穿梭於各國領袖間，發揮她對政策細節熟悉的優勢，展現過人的溝通能力和耐性。「她習慣把舞臺留給別人，沒有前幾任男性總理愛慕虛榮的毛病，這樣的德國不會讓人感到害怕，」穆克勒認為：「與其說梅克爾是領導者，不如說她是穿針引線的人。」

歐洲在柏林圍牆倒下後，大步邁

二〇〇七年，梅克爾接任總理才兩年，就在總理府親自接見達賴喇嘛，打破德國總理歷年來的禁忌；她還呼籲北京直接與達賴喇嘛對話，解決西藏人權和文化自治的問題。
©picture alliance/dpa

向政經的統合。歐盟在一九九三年成立，歷經不同階段的擴張和改革後，決策機制變得極端複雜，希臘、葡萄牙等邊陲國家的經濟發展程度，與德國等核心國家也出現極大的落差。不論因應歐債危機，或面對洶湧而至的難民潮，各國都意見紛紜，再三暴露出根本的結構性問題，尤其在英國決定脫歐後，歐盟隨時有分崩離析的危險。

穆克勒相信，唯有地理位置與政經實力都居歐洲心臟地位的德國，有效平衡東、西歐和南、北歐的分歧，將全歐洲凝聚在一起，歐洲才能免於四分五裂的命運。這是德國無可迴避的責任，也是梅克爾任內最大的挑戰。

●順應時勢的變色龍

梅克爾的務實還反映在她的彈性和包容力。她是在東德加入西德、也就是兩德實現統一的劇變年代投入政壇，被迫學習和重新適應另一種體制，因此深諳擁抱改變的生存之道。

梅克爾領導的基民盟，在歐洲的政治光譜雖屬右派的保守陣營，但精於談判和協調不同立場的她，既能與親財團的小黨自由民主黨（Freie Demokratische Partei；簡稱FDP）聯合執政，也能與代表工人階級的社民黨組織大聯合政府，符合多數選民的期待，執政地位因而維繫多年不墜。

回顧她擔任總理十一年來推動的重大政策，不論是廢除義務役、引進最低工資、大量興建公立托兒所和幼兒園，或上市公司女性董監事至少占三成的兩性平權法案，和用來貼補家庭婦女在家帶小孩的所謂「媽媽退休金」，全是左派陣營多年來疾呼的政策。基民盟在她的領軍下也與時俱進，放棄對傳統家庭結構的堅持，補貼未婚媽媽養兒育女，鼓勵婦女和男士兼顧家庭和工作，連同性婚姻法制化和立法鼓勵移民，這些保守人士原本抗拒的政見，也在黨內漸成主流。

穆克勒分析說，來自西德的基民盟，在兩德統一後不再需要「反共」，有必要因應時代變遷調整訴求的必要：「輿論批評梅克爾投機，稱她是政治變色龍，但我們也可以說她適應力很強，不拘泥於特定的意識形態，走在黨的前面與社會多元和開放的趨勢並進。」這也是為何梅克爾領導的基民盟選民遍布社會各階層，支持度遙遙領先其他政黨。

一名與梅克爾深交數十載的資深政界人士，有次在評論梅克爾的執政風格時就說，現狀如海風般不停在變換方向，身為一艘帆船的船長，得不時調整風帆，不然很快就會翻船，「前進的路線難免曲折，好的船長內心明白，如何在最短的時間內到達目的地。」

不過，當海面上無預警出現暴風雨，船長也要有大幅改變航道的勇氣。

在財團和核電工業的遊說下，出身物理學家的梅克爾，二〇一〇年年底曾以風險「可以控制」為由，成功讓核電廠延役。不料半年後，日本福島竟發生嚴重的核子事故，電視上氫爆的畫面不停重播，勾起經歷過車諾比災變的民眾骨子裡對於核電的恐懼。

面對高達八成的反核民意，梅克爾的態度馬上一百八十度轉彎，核災後三天斷然下令關閉老舊的核電廠。三個月後，她還宣布了雄心勃勃的能源轉型計畫，加速淘汰核電和加碼推動再生能源，廢核的決心震驚全世界。

「把柯爾拉下臺和福島後的廢核，是梅克爾少數站在輿論浪頭主動出擊的例子，證明她政治嗅覺的靈敏，」穆克勒表示：「可見必要的時候，她也可以很有魄力。」

●領導人的遠見

梅克爾傾向在幕後運籌帷幄、鮮少高調表態的性格，經常被輿論批評為過度被動；但她對特定議題的立場，在從政生涯中從來沒動搖過，談判時步步為營，充分展現國家領導人的遠見，對抗地球暖化就是一例。

二〇〇七年，德國同時出任歐盟和八大工業國組織（G8）的輪值主席。接任總理才剛滿一年的梅克爾，先是在年初領導歐盟訂出具體的減碳和再生能源目標，接著在六月舉行的工業國高峰會上孤注一擲，說服本來拒絕減碳的美國總統小布希在「認真考慮本世紀中前減少一半碳排量」的決議文件上簽字。連最大碳排放國美國的立場都鬆動，願意面對地球暖化，中國和印度等發展中國家在接下來幾年只好跟進，開啟各國間的減碳談判。

二〇一五年年底，聯合國在巴黎召開的第二十一次氣候峰會（COP 21），終於達成全球均溫升幅不超過攝氏兩度的歷史性共識，全球近兩百個國家允諾採取具體的減碳措施，距梅克爾在環境部長任內主持的柏林會議正好二十年。

二十年來，德國在全球的減碳談判中始終站在制高點，綠能產業在政策的引導下也日益茁壯，比其他國家提早投入綠能和節能的研發。德國還參與成立跨政府組織國際再生能源署（International Renewable Energy Agency，簡稱 IRENA），在全球能源結構轉型的進程中進一步掌握話語權，梅克爾的遠見可見一斑。

● 讓人放心的老媽

梅克爾的國際聲望如日中天，主要還是歸功於她的危機處理能力。二〇〇八年，美國次級房貸危機演變成全球性的金融風暴，赤裸裸暴露出金錢遊戲氾濫和歐洲財政入不敷出的沉痾。梅克爾先是跳出來譴責交易不透明的倫敦和華爾街金融圈是罪魁禍首，「更多規範才能遏止不負責任的投機」，然後在接下來幾年主導歐元區建立常態性的紓困機制，加強對銀行業的監管，成功維持住金融穩定。

梅克爾堅信，唯有根本解決赤字問題，才能避免歐元再次受到波及，德國在她的領導下於是以身作則，立法規定政府的舉債上限。當希臘、愛爾蘭、葡萄牙、

●●●

梅克爾在等待或拍照時，習慣將左右手手指相觸於腹部前，擺出菱形的手勢。
圖為她在二〇一五年以主人的身分，歡迎來德國參加七大工業國高峰會的各國貴賓。
©Bundesregierung/Gottschalk

西班牙、塞普勒斯等國被赤字壓垮，如骨牌般出現債信危機時，梅克爾立刻要求這些國家仿效德國當年推動「二〇一〇議程」的精神，整頓財政和停止過度慷慨的福利。

在歐元區一連好幾輪的談判中，梅克爾「改革換金援」的原則始終不變，各國相繼跟進她的立場，終於迫使希臘等國實踐延宕已久的結構性改革，她因此被視為是鞏固歐元的最大功臣。

歐元是歐洲在戰後邁向和解、和柏林圍牆倒後深化統合最有力的象徵。歐債危機爆發以來，梅克爾一再重申：「歐元垮了，就是歐洲的失敗」、「我希望歐洲在擺脫危機後，比危機前還強大」，捍衛歐元的決心有目共睹。

不過，梅克爾的解方是靠削減公共支出提升競爭力，有別於美式印鈔票拉擡景氣的做法，她對撙節的強硬立場因此備受抨擊，尤其在英美學術圈中出現強大的反對聲浪。

對此，穆克勒解釋，歐洲經濟長久以來欲振乏力，而且面臨嚴峻的人口老化問題，原本的高福利早已不合時宜。因此梅克爾堅持從改善財政體質著手，對症下藥提升競爭力，「危機何嘗不是轉變的契機，對她而言，德國在施若德時代的瘦身經驗，值得各國效法。」

早一步改革的德國，在歐洲景氣一片低迷聲中逆勢成長，不僅成功穩住歐元區的經濟，穩居歐洲龍頭地位，還為政府帶來豐厚稅收，至今已連續三年實現零舉債的目標。

二〇一三年大選，基民盟在柏林中央火車站的正對面，甚至以梅克爾的菱形手勢做為主要意象，製作一道長達七十公尺的看板，文案只有短短幾個字：「德國的未來，掌握在值得信賴的手中」；這個在全球政治人物當中最容易辨識的手勢，自此也成了梅克爾的權力象徵。

「觀察梅克爾的肢體語言和領導風格，多少可以歸納出德國此刻的社會氛圍，」穆克勒總結說：歷經兩德統一後的陣痛期、「二〇一〇議程」的痛苦改革和接二連三的金融動盪後，民心極度渴望穩定。

過去這幾年，民眾普遍覺得政府的錢有花在刀口上，日子過得還不錯，在她那雙手的呵護下很有安全感，這個別出心裁的競選廣告，訴求簡而言之就是：「就算外頭風雨交加，你們還是可以放心把一切交給老媽。」

梅克爾二〇一五年暑假來臨前召開的例行記者會，由於希臘債務危機歹戲拖棚，延到八月底才舉行。面對在場兩百多位國內外記者，梅克爾一坐下來就切入正題：「最近發生許多悲劇，難民死裡逃生，一路上克服重重障礙，還得擔心家人的安危，這點大家應該很清楚，」她說，「每一個人的尊嚴都應該被尊重，任何受政治迫害的人，根據德國憲法有申請庇護的權利，我們應該對憲法的人道精神感到驕傲。」

隨後，她罕見懇求在場記者：「你們報導的那些幫助難民的義工，足以做為社會表率，請各位繼續報導下去，鼓舞更多的民眾站出來。」

在這場全長超過一個半小時的記者會中，梅克爾始終精神奕奕，如傳道般想說服大眾：「照顧未成年兒童、開語言班、蓋公寓給他們住、幫忙找工作，不是幾天或幾個月內就能辦得到」，「德國人做事一絲不苟這樣很好，可是現在我們需要的是德國人的彈性，全國都得動起來。」

她堅信，連統一和廢核這麼艱鉅的任務德國都能完成，「走前人沒走過的路」，只要勇敢排除障礙，「我們一定辦得到！」

自從年初以來，來歐洲尋求庇護的難民人數就持續上升。這場記者會前三天，奧地利警方才在停在路邊的貨車發現數十具活活悶死的屍體，凸顯問題的急迫性，這是梅克爾第一次針對難民危機清楚表態。

幾天後，數千位被匈牙利拒收而困在布達佩斯火車站動彈不得的難民，在德國和奧地利政府的安排下開始動身，沒火車搭就走高速公路路肩和廢棄的鐵軌，帶著全部家當往德國移動，一位難民對著德國電視臺說：「我們要去找梅克爾。」

九月五日午後，難民開始穿過奧地利

二〇一五年九月五日，一名剛抵達慕尼黑火車站的難民，興奮地舉著一張梅克爾的照片。
©picture alliance/dpa

邊界的檢查哨，搭火車陸續抵達慕尼黑火車站。慈善團體和熱心人士在站內分送食物，圍觀的民眾拉起布條鼓掌歡迎，站外臨時搭建的帳篷還有醫生在待命，難民在跋涉千里後總算一展笑顏。德國民眾張開雙臂迎接難民的畫面，在這一天傳遍了全世界。

然而，隨著沿著巴爾幹半島一路北上的難民源源不斷，幾週後每天入境的人數突破一萬人關卡，官員和義工為了安排食宿忙得焦頭爛額，鄰國從頭到尾卻袖手旁觀，報紙上開始出現斗大的標題：「德國真的辦得到嗎？」

●任內最嚴重危機

這波二戰以來規模最大的難民潮，無疑是梅克爾總理任內最嚴重的政治危機，對歐洲互助和人道的精神來說，也是一大考驗。

在歐洲國家，德國傳統上對難民相對友善，但二〇一五年接納的人數超過九十萬人，將近一年前的五倍，二〇一六年也高達二十萬人。蜂擁而至的一百多萬難民激起部分民眾的反感，臉書等社群媒體上到處可見仇恨的言論，暴力攻擊難民和縱火的刑事案件數，與難民潮來臨的前一年相比也暴增到五倍。

二〇一五年跨年夜，西部大城科隆的街頭發生前所未見的大規模性侵案，涉案者許多是來自北非的難民，讓社會上人心惶惶；巴黎和布魯塞爾接連發生嚴重的恐怖攻擊事件，更進一步加深大眾對難民的疑慮，成了仇外運動「反對西方伊斯蘭化的歐洲愛國主義者」（Patriotische Europäer gegen die Islamisierung des Abendlandes，簡稱 Pegida）和極右民粹政黨「德國另類選擇黨」（Alternative für Deutschland；簡稱AfD）崛起的導火線，愈來愈多民眾聽信他們的宣傳，將難民和恐怖分子劃上等號。

反觀梅克爾的領導威信則大受打擊，她對難民門戶大開的政策支持與反對者各半，造成社會上嚴重的對立，執政滿意度從原來的七成暴跌到只剩下四成。

●連山都能移

但梅克爾沒有怯戰，多次上電視面對記者的尖銳質問。「妳不認為，訂下德國接納難民人數的最高上限，妳的壓力會小很多？」梅克爾的回應從容不迫：「這麼重大的問題，我不能現在承諾，幾週後又說辦不到，隨隨便便承諾，人民對政治會更失望。」「是不是因為妳向難民招手，讓情況變得更糟？」這問題馬上讓大家聯想到那張梅克爾和心滿意足的難民自拍的照片，她聽了不假辭色：「我必須坦白說，當對方有難，我們還得為自己友善的臉孔而道歉的話，這不是我的國家。」她承諾會努力減少難民的數量，懇請民眾給她時間，「可是何時能解決，我也不知道。」

這波主要由敘利亞內戰所引爆的難民潮，在土耳其人蛇集團的推波助瀾之下，讓在過暑假的整個歐洲措手不及。歐盟運作的基本精神就是團結和互助，然而各國不是把收容難民的重擔全推給難民最早上岸的希臘和義大利，就是在邊境拉起鐵絲網，不願接受歐盟執委會和德國倡導的分配機制。德國對難民的善意，在歐洲一片防堵聲中，益發顯得孤立，沒有人知道梅克爾能撐多久。

梅克爾在參觀柏林的難民收容所時，有難民主動找她自拍，
這張照片後來就被許多人解讀為她鼓勵難民來德國的證據。
©picture alliance/dpa

即使如此，梅克爾仍堅信德國有能力領導歐洲走出難民危機：「歐債危機一開始，德國緊縮財政的立場還不是孤立，可是最後仍是靠德國的力量為歐洲找到方向。」她甚至一肩扛起失敗的責任：「就算不能讓所有人滿意，我願意為我的決定奮戰到底，我沒有在想退路，」她說：「我希望更多人有相同的信念，這樣的話，我們連山都能移。」

● 捍衛歐洲和平象徵

空前的難民潮讓梅克爾陷入國內外夾擊的窘境。令觀察家大感意外的是，她無畏逆流，還在反彈聲浪最大時出現「這不是我的國家」如此情緒化的語言，與過去自制的作風判若兩人。梅克爾為何不惜賭上自己的政治

●●●

二〇一六年二月，德國的難民政策備受國內外批評之際，好萊塢演員喬治．克隆尼特地到柏林力挺梅克爾。
照片取自梅克爾發言人賽伯特（Steffen Seibert）的推特。

生命？還是牧師的女兒同情難民的遭遇而一時衝動，沒想清楚後果就貿然行事？難道她心中有清晰的藍圖，足以回應讓全歐洲都束手無策的難民危機？

「我在鐵絲網後面生活夠久了」，梅克爾有次在電視上受訪，以過來人的經驗指出，連戒備森嚴的柏林圍牆都無法阻止東德人投奔自由，只要中東和北非的戰亂和壓迫繼續存在，就會有人冒生命危險逃到相對富裕和安定的歐洲，「沒有人會隨便離開自己的家鄉，連鐵絲網也擋不了。」

此外，凝聚全歐洲也是梅克爾的主要考量。即便鐵絲網暫時把人擋下，歐陸各國領土相連，鐵絲網後的國家仍然得承擔難民的壓力，造成兩國關係緊張；上萬名難民因馬其頓的鐵絲網卡在希臘進退失據就是活生生的例子。梅克爾為了歐洲的團結，不願棄希臘不顧，主張由歐盟各國平均分攤收容的責任。「連土耳其都收容了兩百萬難民，我們歐洲有五億人口，應該能做更多」，並以身作則主動將困在匈牙利的難民接來德國，無奈各國政府懾於民意反彈，對她的配額建議興趣缺缺。

位居歐陸地理中心的德國，與九個鄰國的領土接壤，還得承擔保衛申根區的重任，不能像其他國家一樣輕率關閉邊界。無國界的申根區是歐洲除了歐元外最自豪的一體化成就，更是歐洲吸取二戰教訓走向和平的象徵。跨國工作旅行的便利和貨暢其流如果不再，共同貨幣也將不保，這兩者都是梅克爾極力想捍衛的目標。領導德國結束分裂的老總理柯爾再三提醒：「歐洲事關戰爭與和平」，直到今天依然適用。

●價值共同體

梅克爾走在民意壓力和團結歐洲的鋼索上，一失足就跌下歐盟分裂的深淵，但她內心真正掛念的是歐洲是否能堅守核心價值。

歐洲原本就是不同種族、文化、宗教互相交融的地區；各族群在言論自由、信仰自由、法治和寬容的價值共同體內和平共存，一直是她對歐洲和西方的願景。這些歐洲在納粹浩劫後一再提起的核心價值，在面對難民潮時更不應該退讓：「難民不能分基督徒或伊斯蘭」，她直言批評東歐拒收穆斯林難民：「歐洲連難民問題都解決不了，談民主和人性尊嚴只是空話。」

正因為梅克爾打從心底相信這些價值，所以她請求民眾不要參加排外的示威：「不要追隨他們，那些人內心充滿仇恨，以為自己才是德國人，其實是想排除其他人。」

當社會再度因為歐洲遭恐怖攻擊而感到不安，梅克爾就試圖安撫大眾：「可惜有太多的暴力以宗教為名，但不能因為這樣就對穆斯林有敵意。」

每當德國社會再次為了穆斯林到底有沒有可能融入而爭論不休時，梅克爾就提醒民眾，德國早就是移民國家，過去稱外勞為「客工」並不恰當。「幸好現在大家都是同胞」、「伊斯蘭當然是德國的一部分」；她還鼓勵基督徒鼓起勇氣與穆斯林對話，「克服一開始的恐懼，開拓自己的視野。」

在科隆發生震驚全國的集體性侵案後，她不僅要求警方依法嚴辦，也呼籲來自阿拉伯世界的難民，「尊重兩性平等，為融入歐洲社會而努力。」

當愈來愈多民眾擔心過多的難民會模糊掉國族認同，梅克爾就舉戰後一波接一波的移民潮為例，說明社會的組成分子本來就一直在變，但核心價值在新的條件下依然可靠，鼓勵德國人不要對既有的社會秩序失去信心，「活在恐懼的社會沒有未來。」

●自由的祕密是勇氣

梅克爾對民主價值的堅定信念，終究來自她的個人生命史。二〇〇九年，柏林圍牆倒塌二十年週年前夕，梅克爾應邀在美國參眾兩院聯席會發表演講。「圍牆、鐵絲網，和格殺勿論的命令，曾讓我與自由世界隔絕，」梅克爾說，「當全歐洲渴望自由的意志所形成的強大力量，在這黑暗的牆上打開了一扇門的時刻」，她看見改變的機會到來，決

●●●
梅克爾的聲望雖然因為難民危機而受挫，
但依然決定在二〇一七年秋天的大選第四度角逐總理大位。
©CDU　攝影：Tobias Koch

心投入政壇。

在這場不時被歡呼聲打斷的歷史性演講中，梅克爾自許歐洲新一代政治人物的任務應該是「打破圍牆」，「不能再走回頭路」，她前後提了二十幾次的「自由」：「我的一生，沒有什麼比自由的力量，更令我感到振奮。」希臘哲人伯里克里斯（Perikles）在《伯羅奔尼撒戰記》（*History Of The Peloponnesian War*）的一句話：「自由的祕密是勇氣」，從此成了梅克爾的座右銘：自由從來就不是理所當然，隨時都可能不保，必要時得站出來爭取和捍衛。

當英國脫歐和美國大選挑起的隔閡與仇恨，讓歐美在二戰結束七十年好不容易才建立的價值共同體搖搖欲墜的此刻，這點顯然是梅克爾挺身而出提醒川普西方的價值基礎，和無視因難民危機而重挫的國內聲望，毅然決定在二〇一七年秋天第四度參選總理的真正動機。

「這是歐洲歷史上非常重要的階段，我深信我走的路是正確的，」今年即將滿六十三歲的梅克爾說，如果歐洲能守住核心價值，克服歷史性的難民考驗，「我希望德國人能為自己的國家感到驕傲。」

4 成爲新德國人：德國如何因應史上最大難民潮

看看這裡的人就很清楚，未來的德國人將很難從姓名和外表辨認出來……德國社會的一大優勢就是對改變持開放的態度。

——德國總統高克，二〇一四年五月的一場移民入籍典禮，《基本法》六十五週年紀念日前夕

德國人經常想到什麼就直接說，他們不是故意不禮貌，而是誠實……（異性戀或同性戀）伴侶公開示愛理所當然，他們牽手、擁抱、接吻、撫摸毋須另眼相看……準時在德國很重要，晚五分鐘可能就被視為是不敬……自來水可以直接喝，不用顧慮。

——《難民指南》（*refugeeguide.de*），十六種語言，二〇一五年十月出版

多數難民有暫時、甚至長期住在德國的權利，讓他們盡快融入對大家都好……社會應該對移民開放心胸，一定程度地對他們好奇並接納他們。

——德國官方難民政策說帖，二〇一六年七月

從柏林西郊人煙罕至的地鐵站走出來，眼前是一座體積龐大的火力發電廠，濃濃的黑煙不停從煙囪冒出來，把原本就霧濛濛的天空染得更黑。我快步走過杳無人跡的廠房，繞到電廠的另一頭，才注意到鐵絲網後方全都漆成白色的貨櫃屋。

「總理梅克爾昨天才來過，給我們加油打氣，你們來的正是時候。」德國慈善團體「工人福利」（Arbeiterwohlfahrt，簡稱AWO）在柏林的負責人諾瓦克（Manfred Nowak）站在門口歡迎我們。德國社會過去並不關心難民，大部分難民收容所設在偏僻的郊區，他殷勤招待我們喝咖啡、吃點心，顯然對外國記者的來訪有點受寵若驚。

由左派的社會民主黨人士在上世紀初成立的AWO，旗下有超過兩千家的養老院和托兒所。我眼前這幾棟由柏林市政府委託經營的貨櫃屋，正是到這個德國最大城市尋求庇護的難民最早落腳之處。

「從二〇一五年上半年開始，來德國的難民人數就節節升高，我們幾乎沒有一天有空的床位，」諾瓦克的聲音聽起來相當無助：「現在全國各處的難民收容中心都缺錢缺人，我真不知道德國要如何熬過這次的難民危機。」

● 難民的最初安置

德國對難民的收留和庇護原本就有一套標準程序。一般來說，難民入境後先登記，接著警方就會把他們分送到像這樣的難民收容所安置，等生活安頓下來後，難民就可以向聯邦政府在各地負責難民事務的分支機構申請正式的難民身分。

身分未批准前，難民只能先暫住收容所。德國政府依法必須滿足他們日常生活「必要的需求」，難民因此可享用免費的三餐，以及床單、毛巾、衣物、沐浴乳等日常用品，每個月還有約臺幣四千元的零用錢。這座最多可容納六百人的收容所還雇用七名全職的社工和多位義工，他們大多精通英語、法語、阿拉伯語、克羅埃西亞語和俄語等難民能聽懂的語言，負責陪難民去政府機關和提供難民最迫切需要的生活和法律諮詢。

● 憲法的人道精神

德國是歐洲人口最多的國家，與九個鄰國的邊界平日沒有特別管制，來德國申請庇護的人數向來也最多，而且比歐洲其他國家加總起來都多；原因除了經濟繁榮，也與難民受到的人道待遇有關。

「德國的憲法《基本法》（*Grundgesetz*）規定得很清楚，受政治迫害的人在德國享有庇護權，全國的收容所根據《難民法》（*Asylgesetz*）運作，提供的生活照顧都大同小異。」諾瓦克說。事實上，德國早在一九五一年就簽署《日內瓦公約》，向國際社會承諾願意保護因戰禍而流離失所的難民，其中當然包括最近受恐怖組織伊斯蘭國迫害的敘利亞人。如果不符合難民資格，但在故鄉受死刑或刑求等生命威脅，一般來說，德國政府也會給予暫時性的庇護，不會強制遣返。

我的腦海中，浮現了匈牙利警察向難民丟擲食物，擁擠的難民營內到處堆滿了垃圾沒人清理，以及荷槍實彈的軍警站在邊境的鐵絲網前驅逐難民的新聞畫面。同樣都是歐盟國家，為何難民得到的待遇差異這麼大？全球共有一百四十三國簽署《日內瓦公約》，為何德國在難民政策上感覺特別寬鬆？

「這應該跟德國《基本法》人性尊嚴的條文有關。」諾瓦克如此回答。

有鑑於納粹迫害人權的教訓，德國在《基本法》第一條就旗幟鮮明強調人權：「人之尊嚴不可侵犯，尊重及保護此項尊嚴為所有國家機關之義務。」維護人性尊嚴、給受迫害的外國人庇護，從戰後到現在一直是德國外交的核心價值，受到憲法的保障。

因此，當梅克爾在二〇一五年九月大膽宣布德國出自人道考量，願意接納滯留在布達佩斯的難民時，也同樣援引《基本法》的條文：「歐洲的歷史與普世人權息息相關，來尋求庇護的人，我們不能棄而不顧。」二〇一六年七月，德國南部先後

來自各國的難民一抵達德國，就會被分配到像這用貨櫃屋改建的收容所居住，
等待難民身分的審查。
攝影：林育立

發生兩起難民發動恐怖攻擊的事件，兩位行兇者的動機都與伊斯蘭國有關，造成社會上人心惶惶，擔心難民太多影響治安。梅克爾在譴責暴行和宣布新維安措施的同時，也再次援用《基本法》和《日內瓦公約》，強調德國接納難民的人道原則沒有改變。

●二戰後最大難民潮

中東和非洲頻仍的戰火和饑餓迫使許多人離家，據聯合國統計，全球目前有超過六千萬人逃難，人數創下二戰結束以來的新高，歐洲各國近年都出現難民人數激增的現象。以德國為例，二〇一三年有十三萬人，二〇一四年有二十萬人，到了二〇一五年暴增到九十萬人，創下史上最高紀錄；即使二〇一六年下半年難民危機稍微和緩，全年累計的人數也高達三十萬。

由於難民數量遠過官方預期，身分審查依法必須逐一審核和面試，申請庇護的程序往往一拖就是半年甚至更久，長期的不確定感讓許多難民倍感焦慮。我們造訪的二〇一五年十月，正好是這波難民潮的高峰，每天入境的人數在一萬人上下，「連半夜都有警察送難民來，奧地利政府也拜託我們收留，這種情況過去從來沒有過。」

隨著這一波難民潮逃來德國的難民，有近一半來自經年內戰和伊斯蘭國肆虐的敘利亞，許多人都是全家大小帶著簡單行李就逃難，從土耳其搭人蛇集團安排好的船橫渡地中海到希臘，然後沿著馬其頓、塞爾維亞和匈牙利搭車或步行，一路跋涉上千公里。另外也有許多人來自高壓統治的東非國家厄利垂亞（Eritrea），他們從北非搭船到義大利再一路北上。

這些飽受戰爭殘害的難民，資格審查九成以上都能過關，得到為期三年的難民簽證，從此搬到比較舒適的難民住宅，在找到工作前，政府每月還會補貼一萬元的生活費；如果五年內能賺錢養活自己，德文也有一定程度，一般來說就能在德國定居。

反之，如果是來自阿爾巴尼亞、塞爾維亞、巴基斯坦等局勢相對平靜的國家，留在母國生命沒有受到直接的威脅，只是為了過更好的生活才來德國，申請難民資格被拒絕、然後遭遣送出境的可能性就超過九成。

「就算有些人將來被遣返的可能性很高，我們在收容所還是一視同仁，」諾瓦克解釋：「從巴爾幹半島國家來德國申請難民的人向來很多，其中有相當高的比例是備受歧視的吉普賽人，因此就算最後留下來的機會渺茫，他們還是不斷前來。」

● 令人心碎的故事

在一位同時精通阿拉伯語與波斯語的翻譯陪同下，我們先到餐飲部參觀。當天午餐除了馬鈴薯泥和水煮蔬菜，還可以選擇火雞肉或兔肉，相當於德國大學餐廳供應的簡餐。貨櫃屋有兩層，每層都有廚房和浴室，定期有清潔工來打掃。房間只有桌椅、床和電視等簡單的傢俱，單身的人都睡在通鋪，有小孩的就全家擠在同一個房間。

雖然住在這邊的難民至少有一半得離開德國，收容所還是努力協助所有人適應德國社會，像是德文課就開了兒童、青少年和成年人三個班，每天晚上還有大學生來義務上課。我們走進托兒所，正好看到一名幼教老師陪小朋友玩遊戲，課表上排的課有認字母、唱歌、看電視和到公園玩耍，就像德國一般的托兒所一樣。

緊鄰著工業區的幾間小小貨櫃屋，擠進數百位各國難民，平日除了上語言課、看電視和到政府部門辦事，就是漫長的等待，時間彷彿靜止，讓人不想久留。不過我在離開前，還是聽到許多讓人心碎的故事，例如現年二十五歲、來自敘利亞的施麥爾（Mohamed Shmer）。

施麥爾的家鄉荷姆斯（Homs）原是人口八十萬的大城，在政府軍和叛軍交戰的摧殘下幾乎全毀，成了人去樓空的死城，施麥爾的家人變賣家產，讓他一個人逃出來。

我在走廊遠遠就看到他，戴著墨鏡和棒球帽，手上拿著平板電腦在聽音樂。等到一走近眼神交會，才發現他的右眼只剩下一道傷口。為了要跟我解釋原因，施麥爾走回房

德國的難民收容所設有托兒所，聘請老師為難民兒童上課。
攝影：林育立

間拿出一個透明的塑膠瓶，指著裡頭一顆如掌心般大小的尖銳石頭說，「我在回家的路上，一顆炸彈正好在我附近爆炸，這顆石頭就直接刺入我的右眼，我帶著它一路逃難，到了德國，醫生才幫我拿出來。」

你將來想在德國做什麼？我問；他說：「我想讀大學，成為一位軟體工程師。」

從敘利亞逃出來的施麥爾，手上拿著
政府軍和叛軍交戰時刺入他右眼的石頭。
攝影：林育立

●公民社會全動起來

如諾瓦克所形容，二〇一五年九月開始的這波難民潮讓德國一時措手不及，因此只要有閒置的營區或體育館能遮風避雨，全都改建成臨時的收容所。柏林市政府甚至突發奇想，把整間青年旅社包下來，發「住宿券」給難民過夜，連廢棄不用的機場航廈和前東德的情治機關也用來安置難民。目前全市已經有近一百五十處難民收容所。

一年後的今天，我們可以發現，德國各地不論走到那裡，難民的登記、安置和照顧都井然有序。公務機關在難民潮湧入的緊要關頭展現了驚人的彈性和協調力，難民即使被分配到人口只有數百人的小鎮，受到的待遇和照顧也沒什麼不同，媒體在報導難民時也不再說是「危機」。

更令我驚訝的是，民間沒有官方動員就自動伸出援手，沒有他們的付出，德國不可能安度這次難民潮。以柏林為例，負責登記的政府部門人手嚴重不足，直到二〇一六年上半年每天站在廣場上枯等的難民還是有上千人。不過從早到晚我都看到有民眾送來食物和衣物，還有慈善團體發送嬰兒車和陪小孩玩，陪伴難民度過等待的煎熬，像這樣的景象全國都看得到。難民常去的地方，也一定有人準備好插座和寬頻網路，因為難民全都人手一支智慧型手機，方便逃難時定位和聯絡。

許多德國人都是秉持人饑己饑的簡單信念幫助難民，完全不求物質回報。難民潮剛到時許多義工自發性的集結，現在都成為常態性的組織。我的德國朋友圈有人每週到收容所做義工，有人請不認識的難民全家到家裡吃飯，也有人幫忙找當學徒的機會，主動幫助難民適應這個語言和文化與母國截然不同的國度。報紙上經常可以讀到民眾以各種方式協助難民的「好榜樣」：有排班到收容所義診的醫生，也有自願組織難民球隊的足球教練。網路上為難民仲介住處和工作的私人網站不計其數，德國政府還推出了一個名為「抵達」（Ankommen）的手機軟體，方便難民學語文和熟悉德國社會的禮儀。

● 史上第一部融入法

德國在過去兩年已經收留了超過一百萬個難民，難民成了日常生活的一部分。柏林市立圖書館最顯眼的書架上，現在放的是專為難民編寫的德文教材和阿拉伯文版的《基本法》。有天，打開電視的兒童節目，我正好看到一位敘利亞女孩在用阿拉伯文數數，幫德國小朋友認識來自中東

柏林的難民登記處，每天都可以看到義工在分送食物，
沒有民間的主動付出，德國不可能安度這波難民潮。
攝影：林育立

的新朋友。全國的博物館和劇院都有提供難民的打折票或免費票，柏林愛樂的露天音樂會現在改由難民樂團暖場。這個人口三百多萬的大都會，這一年來安置了五萬多個難民，整體來說氣氛還是和往常一樣平和。

二〇一五年，德國各級政府照顧難民的支出高達臺幣七千億元。在解決最初的收容問題後，目前德國處理難民問題的重點已轉成如何協助難民自食其力；換言之，來者再也不是客，與其讓難民繼續受特殊待遇，不如把難民當成是未來的德國人，提早幫他們融入德國社會，減輕政府負擔。根據二〇一六年八月開始實施的《融入法》（*Integrationsgesetz*），難民可免費上六百個小時的德文課和一百小時的「導航課」，瞭解德國歷史和兩性平等、信仰自由等核心價值，接受職業訓練也可得到政府的補貼。這部德國史上首度為難民打

二〇一六年九月柏林的新學年開學，全市的小學為了接納一下子多出來的一萬二千名難民學童，一共開設了約一千個「歡迎班」。
©picture alliance/dpa

造的專法，目的也是改正過去外勞政策的錯誤，因為許多第一代移民至今仍活在平行社會，成了文化衝突的導火線。

二〇一六年九月新學年開學，柏林為了接納一下子多出來的一萬多名難民學童，全市七百所小學當中有超過一半開設了「歡迎班」，教學目標是一年後他們都能轉入正常班級。梅克爾到場慰問老師的辛勞後特別表示：「這些孩子的學習動機很強，給他們美好的未來是我們共同的目標。」

家鄉和平遙遙無期，難民可能多年都無法返鄉，把親人接過來，在異地展開新人生也就特別積極，到處都有振奮人心的故事：有人重操手工甜點舊業，現在成功供貨柏林的高級旅館；有建築師到大學深造，研究戰爭結束後該如何重建家園；也有每天早起苦練，終於用難民隊名義參加里約奧運的游泳選手。當然，也有許多期待落空的例子，數以千計的難民因為工作不順利、沒興趣學德文、想家，或受不了部分德國民眾對難民的敵意等種種原因，自願踏上返鄉之路。

●德國人是誰？

柏林洪堡大學的政治學者穆克勒，寫下《新德國人：未來就在國家眼前》（*Die neuen Deutschen: Ein Land vor seiner Zukunft*）一書探討難民問題，二〇一六年八月一出版就引起輿論熱議，名列暢銷書排行榜。他在書中大膽分析難民融入德國社會的可能性，並認為現在正是德國人重新思考自我定位和國家前途的大好時機。

穆克勒在接受各國記者聯訪時，首先指出社會隨著世代交替，平均每二十五年到三十年就得重新尋找一次定位：一九四五年戰爭結束的德國是重建國家的一代，這些人用戰爭的回憶來定義自己；到了一九六八年的學運世代，主要是透過自我批判來成長；到了一九八九和一九九〇年，德國人正好受到兩德統一過程的洗禮。現在又過了二十五年，德國突然間來了一百多萬難民，他們當中許多人都會留下來，正好刺激德國社會思考我們是誰？什麼是德國不變的價值？德國將來想要成為什麼樣的國家？「這些討論對德國絕對是好事。」

儘管許多保守的德國人不願承認，然而照穆克勒的說法，德國早就是個移民國家，五分之一的國民有外國血緣，德國人早已無法用基因和出生地來定義。因此，他在書中特別歸納出德國人的五大要件：堅信能靠工作養活自己和家人；認為信仰是個人私事；

一九六〇年代，西德從土耳其大量招攬「客工」（Gastarbeiter），試圖解決嚴重的缺工問題；不過，當各大城開始出現土耳其區，土耳其勞工連同家人的人數在一九七三年達到一百萬人時，卻開始引起社會的恐慌。

©Der Spiegel

願意參與公共事務；自己選擇伴侶和過想過的人生，而非由父母決定：還有最後、也是最重要的一項，那就是認可憲法對人性尊嚴的保障，這是社會中每一個人都能自由發揮所長的前提。「我在想的不是什麼不是德國，而是滿足什麼條件才能成為德國社會的一分子，只要這些構成德國主體性的核心價值不隨難民潮而變，德國就有能力繼續接納移民和難民。」

所以，難民留下來後有可能成為德國人嗎？穆克勒認為，如果難民拒絕接受這些德國的核心價值，住久了自然會被主流社會排擠，和早年的移民一樣成為封閉的平行社會；反之，如果他們接納這些價值，則不管從敘利亞還是厄利垂亞來的，都是「新德國人」。當然，原來的德國人在與不同種族、文化、信仰的新移民互動的

BEIDE HABEN
GROSSE TRÄUME.
NUR EINER HAT EINE
PERSPEKTIVE.
Menschen, die vor Krieg und Verfolgung fliehen mussten, eine Perspektive schaffen – das ist unser Ziel.
Wir zusammen – das sind Unternehmen und ihre Mitarbeiter, die mit gemeinsamen Initiativen helfen, Flüchtlinge in unsere Gesellschaft und in die Arbeitswelt zu integrieren.
Auch Sie und Ihre Kollegen möchten wir motivieren – egal wie groß Ihr Unternehmen ist. Jede Hilfe zählt. Schließen Sie sich uns an und werden Sie ein Teil von wir-zusammen.de
WIR WIRTSCHAFT ZUSAMMEN
Integrations-Initiativen der Deutschen Wirtschaft

二〇一六年年初，德國各大財團發起「我們一起來」行動，鼓勵工商業界雇用難民，「給因為戰爭和受到迫害而逃亡的人一個願景」。

過程中，也會更加確認自己的價值座標和認同，從這點來看，他們也都是「新德國人」。

這位精研西方歷史、深信開放社會的包容力才是國家出路的著名學者相信，歷史上所有繁榮城市的成長動能都是來自出外打拚的移民，更何況德國與許多西方國家一樣都面臨少子化問題，根本無法承擔沒有移民的代價，「我寫這本書是想提醒德國人毋須對移民過度恐慌」；如果全國人民能藉這個機會想清楚什麼是社會的核心，和國家要往哪裡走這些根本的問題，他肯定地說：「這波前所未有的難民潮會是德國翻轉的契機，而且將為德國未來數十年的發展奠定根基。」

5 向假新聞宣戰：德國如何抵抗民粹排外浪潮

川普支持者的憤怒不僅是針對女性、少數民族或移民，
他們如此狂熱的原因，是川普的口無遮攔把他們的憤怒釋放出來……
這些人來自社會各階層，覺得自己被左派、社運、女權運動者
和歐巴馬總統壓迫，一直無法接受由一個黑人來代表國家。

——美國社會學家巴特勒（Judith Butler），
德國《時代週報》（*Die Zeit*），二〇一六年十月

這個時代充斥包裝得很好的假新聞……
如果我們不試圖辨別真假，分不清楚嚴肅論點和宣傳口號的差別，
資訊來源只是社群媒體上如口號般的那短短幾句話，那民主就遇到麻煩了……
我們珍惜的自由、市場經濟和財富都將不保。

——美國前總統歐巴馬，柏林告別之旅，二〇一六年十一月

歐盟已經走到盡頭，歐盟的星星早已失去光輝，全歐洲只剩下梅克爾一人
不願接受這個事實。就像當年期待蘇聯解體，我也期待看到歐盟四分五裂。

——「法國國民陣線」（Front national）主席瑪琳・勒龐（Marine Le Pen），

德國公視二臺（ZDF）專訪，二〇一六年十二月

後真相（post-truth）這個字指的是在形塑公共意見的過程中，訴諸個人情緒和信念的影響力比客觀事實還大。

——《牛津字典》（*Oxford Dictionaries*），二〇一六年關鍵字

愈來愈多民眾忽視事實，甚至接受公開的謊言，後真相（Postfaktisch）這個字代表政治生態已發生根本的變化。

——《德語協會》（Gesellschaft für deutsche Sprache），二〇一六年關鍵字

「歐盟的官員不是剛剛才說，來歐洲的難民有六成不是真的難民，你們看看有六成這麼多，而且其中許多人有暴力傾向。」彷彿情緒按鈕被按到，碧翠克絲・馮・史托赫（Beatrix von Storch）談到難民問題時音調突然拉高，與身上的高級毛織外套很不搭調，讓我們這些坐在臺下的外國記者坐立不安。

史托赫是德國當紅民粹政黨「德國另類選擇黨」（AfD）的副主席，向來以激進的保守言論聞名。德國人只要一聽到她的名字，馬上就會聯想到那位曾在臉書上公開支持對難民開火的右翼政治人物。

●靠反歐元起家

成軍近四年的AfD，最早靠反歐元起家。創黨那年，歐洲正值希臘債務危機白熱化，AfD批評政府輕率通過對希臘的金援，媒體也只會跟著唱和，完全不理會廣大的反對民意。

「你們這些高高在上的人，反正都在騙我們，」德國時事雜誌《明鏡》（*Der Spiegel*）週刊在封面故事用這樣的標題，點出AfD支持者對政府和媒體等既有權力結構的仇視心態，「立刻停止歐元蠻幹的實驗」、「不要給梅克爾任何獨裁的機會」是AfD當時動員的口號。於二〇一三年舉行的上一次國會大選，許多德國民眾反對繼續背負希臘債務，這個新興的極右政黨差點就跨過門檻擠進國會。

「四年後，你們支持德國退出歐元區的立場還是沒變？」有記者問，史托赫不願正面回應，不過她承認自己在英國脫歐確定的當下喜極而泣：「政壇上只有我們有勇氣說真話，英國人用公投決定是否離開歐盟，示範給全歐洲看什麼才是民主。」

●因反難民而聲勢大漲

歐洲的極右勢力一向主張本國利益優先，他們既排斥外來移民，也反對歐洲走向統合，將國內問題都歸咎於歐盟，主張用公投方式脫離歐盟和歐元區，其中最著名的是創立四十多年的「法國國民陣線」，主席瑪琳・勒龐（Marine Le Pen）二〇一七年五月將再度角逐總統大位。極右排外勢力在英國、奧地利、荷蘭和匈牙利也很龐大，「英國獨立黨」（UK Independence Party）就是脫歐公投的主要推手。

歐洲媒體一般稱這些黨為極右的民粹政黨，原因除了它們的排外立場，也與其訴求跟著民眾的情緒走有關；歐元危機時就主打歐元，難民危機時就主打難民。由於它們缺乏內政和外交的全面主張，有時也被視為是只有排外這單一議題的民粹運動。民粹主義者最典型的說法，就是只有他們才能代表人民，其他反對他們的人都不是人民，將自己極端的主張強壓在所有人身上，敵我分明，無視民主社會多元的本質。

德國的AfD就是代表性的例子。二〇一五年年中，希臘債務危機告一段落，AfD的支持度只剩下五%，差點就從德國的政治版圖消失。不料，年終以穆斯林為主的難民潮突然湧進國內，鄰國巴黎和布魯塞爾又先後

史托赫是歐洲議會的議員，經常上電視的談話節目捍衛德國另類選擇黨的政策。
©picture alliance/dpa

發生嚴重的恐怖攻擊事件，造成社會上人人自危，擔心恐怖分子假借難民身分入境。

從此，AfD再也不提歐元，改走歧視和抹黑少數族群的極右路線，點名下令接納難民的總理梅克爾是「蛇頭」和「叛國賊」，詛咒那些自願幫助難民的義工是「被利用的白痴」，並將零星的難民性侵和衝突事件無限上綱，將所有的難民與罪犯和恐怖分子劃上等號。這些激進的言論透過社群網站的傳播和媒體的爭相報導，成了排外民眾宣洩憤怒的出口，AfD接連在地方選舉中告捷，支持者的共同心聲是用選票來教訓梅克爾。

AfD這個在政治學者眼中的「抗議政黨」，如今在十六個邦議會中的十個拿下席次，全國支持率穩定維持在一〇％以上，有機會在今年秋天的大選搶進國會，成為德國戰後最成功的極右政黨。

歐洲極右政黨大串連：德國另類選擇黨年僅四十一歲的年輕主席
佛勞凱・佩特里（Frauke Petry，左），今年一月與法國國民陣線主席瑪琳・勒龐（右）
等歐洲極右派的領袖在德國集會，兩人都有機會在二〇一七年舉行的大選拿下高票。
©picture alliance / abaca

柏林的歌劇院抵制社會上的排外風氣，
在一張外觀如選票的演出名單上附上歌手的國籍，
標榜「我們選擇多元」。
©Komische Oper Berlin

● 否定伊斯蘭是宗教

史托赫來自北部的貴族世家，在黨內是保守基督徒的代言人。與歐洲其他極右人士一樣，她不歡迎伊斯蘭信仰的中東難民，也反對歐洲延續近年趨勢，持續往種族、性別和信仰多元的開放社會邁進。二〇一六年五月，AfD通過史上第一部黨綱，為二〇一七年的國會大選鋪路，當中鼓勵德國人「多生小孩取代移民」、支持一夫一妻傳統家庭、反對墮胎和同性婚姻等主張全都出自她的手筆。

AfD在黨綱中還凸顯鮮明的反伊斯蘭立場，明定「伊斯蘭不是德國的一部分」，德國應該全面禁止叫拜樓等伊斯蘭的象徵，教徒也不准照清真教規屠宰動物。德國的基督徒占人口的六成，穆斯林占六％，兩者原本就和平共處，這些主張如果成真，將會嚴重撕裂社會。

「你們對伊斯蘭有敵意嗎？」有法國的記者同僚問，法國國民陣線正是靠民間反伊斯蘭和反難民的情緒而大受歡迎。

「伊斯蘭是政治意識形態不是宗教」，史托赫認為，伊斯蘭國家得靠自己的力量解決極端恐怖主義的問題，現階段最好離歐洲遠一點，

「伊斯蘭世界不關德國的事」，言下之意是西方與伊斯蘭完全沒有對話的必要。

●先挑撥再澄清

德國的穆斯林主要來自阿拉伯世界的外籍勞工和他們的後代。半世紀前移民的第一代，的確與德國社會格格不入，不過他們的後代早已融入，尤其男性的教育水準和就業情況與本地人不相上下。最能反應德國移民社會特色的就是拿下二〇一四年世界杯冠軍的國家足球代表隊，其中一半的球員有外國血統。

儘管現實的德國社會如此多元，AfD仍舊頻頻挑起潛在的排外情緒，用血緣來定義誰才是德國人。另一位副主席高蘭（Alexander Gauland）有次在受訪時說，國家隊的當家後衛博阿滕（Jerôme Boateng）球踢得雖然好，卻讓人感到陌生，「人們不願和他做鄰居。」

民粹政治人物最常見的宣傳手法是先用捕風捉影的言論搶下新聞版面，等到苗頭不對再澄清和更正，反正發言只要夠聳動，媒體一定有聞必錄，重要的是火上加油達到挑撥的效果。博阿滕的父親是迦納人，母親是德國人，高蘭隱含種族歧視的言論一傳出，立刻引起全國輿論達伐，只要國家隊出賽，球迷就高舉「我們要跟博阿滕做鄰居」的布條，迫使AfD不得不出面道歉。

史托赫與高蘭一樣，毫不避諱排外的立場。她有次在臉書上公開支持對硬闖邊界的難民婦女和兒童開槍，造成輿論嘩然。「妳當時為何會這樣說？」有記者問，史托赫聽了表情有點尷尬，說是不小心在滑鼠上按錯鍵，那不是她的本意，後來也聲明更正了。

正如美國在討論公關技巧時常說的：「沒有負面宣傳這回事」(There is no such thing as bad publicity)，史托赫在發表偏激言論後，冷血的形象固然難以挽回，從此卻也成為家喻戶曉的話題人物和電視脫口秀的常客。

●仇恨會鼓勵暴力

言論自由並非沒有邊界。在歷經二戰浩劫的歐洲，對納粹大屠殺的態度一直是衡量一個人的道德和法律尺度，這也是為何公開展示納粹標誌、和煽動對特定種族和信仰族群的仇恨和暴力，在德國等國家是違法的行為。AfD卻屢屢走在法律邊緣，鼓動民眾對難民的敵意，在社會種下仇恨的種子，對德國最大的衝擊就是針對難民的言語霸凌和肢體暴力成了常態，難民走在街上會遭受辱罵和吐口水，各地的

「反對暴力和仇外」：德國國家足球隊錄製的電視廣告，呼籲社會接納和幫助難民。
©Deutscher Fußball-Bund

難民住所也一再被破壞和縱火。

在東部的薩赫森邦（Sachsen），民眾排外的情緒尤其高漲，AfD在當地擁有二五%的支持率是全國最高。二〇一六年二月，一輛載著難民的遊覽車在小鎮克勞斯尼茲（Clausnitz）被一百名黑衣人士攔下，儘管車內的小孩嚇得嚎啕大哭，這群仇外人士還是不停咆哮，警方花了兩小時才控制住局勢，赤裸裸的仇恨震驚全國。

仇恨滋生更多的仇恨，已經到了令人匪夷所思的地步。聯邦政府官員在東部出席公開場合，臺下總是有人不停咒罵，甚至不惜衝上臺動手打人。二〇一六年，德國一共發生五百起政治人物和義工因幫助難民而遭攻擊的事件；有市長被尖刀刺成重傷，有打算翻新老公寓收容難民的鎮長被打成腦震盪，收容難民的基督教神職人員也天天收到恐嚇信。十月初，薩赫森邦首府德勒斯登的一座清真寺門口甚至發生爆炸案，兇手出自排外

「家鄉、認同、民族、未來」：德東的薩赫森邦排外人士的比例特別高，不時出現反難民的示威。
©picture alliance/dpa

動機，為東西德統一的慶祝活動蒙上陰影。

●後真相政治

在民粹勢力和社群媒體的推波助瀾下，愈來愈多民眾再也不關心客觀的事實和數據，只讀立場跟自己相同的媒體，只相信符合自己印象和偏見的言論，久而久之，社會在面對爭議時就會失去理性對話的能力，放任謊言和陰謀論帶領輿論的風向。這正是西方各國面對民粹浪潮來襲的此刻，媒體所熱烈討論的「後真相」現象。

二〇一六年的英國脫歐公投就是最具體的例子。民粹政客訴諸民眾對於失業的恐懼，不負責任地宣稱英國在脫歐後可以拒絕歐盟移民，又能同時保住歐盟的共同市場這塊大餅，上述言論分明是謊言卻足以影響投票結果，造成英國政府和金融業陷入進退兩難的局面，遲遲無法決定脫歐的談判策略和目標。

到了美國總統大選，共和黨候選人川普一再先發制人，利用推特發表爭議性的歧視和仇外言論，更讓只顧收視率和流量的媒體應接不暇。「教宗支持川普」、「希拉蕊賣武器給伊斯蘭國」這些標題吸睛、容易得到支持者共鳴、內容卻不實的假消息，如瘟疫般經社群媒體瘋傳，在緊繃的選戰期間發揮巨大影響力，重挫傳統媒體和民主制度的公信力。每個人手中從來沒有關機的手機和資訊的疲勞轟炸，正在顛覆民意形成的過程。

在德國，激增的假新聞也改變了原本就事論事的政治文化，習慣用社群媒體的人很少深究消息來源，對於簡明易懂的貼圖搭配幾句聳動的話尤其容易照單全收，成了排外

「真心歡迎、我愛老媽、現在更舒服了」，
極右人士在臉書上貼圖，
挖苦政府包機將難民接來國內。
取自德國另類選擇黨臉書

人士攻擊梅克爾難民政策的利器。據統計，難民的犯罪率沒有比一般人高，AfD卻還是造謠收容難民會讓治安變差。失業率明明創下新低，民眾的實質所得也年年增加，他們還是一概而論地宣稱難民會搶走工作。在官方和媒體的臉書留言板上，經常可以讀到「把難民送進毒氣室」這類偏激的言論，以及「難民變賣傢俱」、「難民宰動物園的羊來吃」等妖魔化難民的假新聞，透過按讚和轉貼，讓仇恨和不安的情緒很快就擴散到社會各個角落。

二〇一六年九月，AfD在柏林的地方選舉拿下一四%的高票，梅克爾在選後因此有感而發：「最近聽說我們活在後真相時代，意思是人們對事實不感興趣，而是憑感覺行事。」AfD的崛起成了梅克爾連任之路的一大威脅。

●假新聞摧毀民主

在社群媒體時代，任何人都能發布和分享消息，毋須像記者一樣經過嚴謹查證，有心人士只要發文即可，反正印象已經造成，事後還可更正或刪文，正好為民粹主義提供繁殖的溫床。AfD的崛起正是靠臉書，粉絲人數比其他政黨都多，德國政壇的共識是如果繼續放任假新聞在網路上散布，讓仇恨和偏見擴大，整個民主制度可能都會跟著陪葬。

二〇一五年九月、也就是難民潮開始大量湧入德國的那個月，人在美國訪問的梅克爾，當面向臉書創辦人祖克柏（Mark Zuckerberg）抱怨仇恨言論氾濫的問題，隨後臉書、谷歌、推特等社群網站在德國政府的施壓下，終於同意在用戶檢舉的二十四小時內刪除煽動暴力和仇恨的違法言論。無奈這些網站似乎只在乎流量和延長用戶停留時間，不願負起平臺責任，刪文的執行成效始終不佳，臉書的比例只有一半，推特甚至只有一％。

既然社群媒體無意自我約束，德國政府只好採取主動，不讓網路成為鼓動仇恨的化外之地。二〇一六年七月，聯邦刑事警察局首度在全國十幾處仇外粉絲專頁經營者的住處同步收網，表達「警方對網路上的仇恨和挑撥絕不手軟」的立場。朝野對社群媒體縱容仇恨早已忍無可忍，德國法務部正準備立法規範，要求臉書限期刪除仇恨言論，並公布檢舉和刪文的數量和依據，預計二〇一七年上半年就可通過。

社群媒體原本的設計是促進溝通，如今卻成了極端主張的催化劑，擴大社會的對立和鴻溝。二〇一六年年底，梅克爾在一場對新聞工作者的演講上，就嚴詞警告臉書演算法所造成的同溫層現象，「用戶只看到自己平常愛看的和朋友推薦的貼文，人容易自我感覺良好，久而久之眼裡只有被扭曲和壓縮的世界，誤以為自己想的都對，別人的想法都毋須理會，從此我們將失去與不同意見的人討論的能力和意願。」她沒有點名川普，但指出社群網路正在強化民粹主義的浪潮，如果人類失去對話的能力，原本大家以為理所當然的和平就將不保。

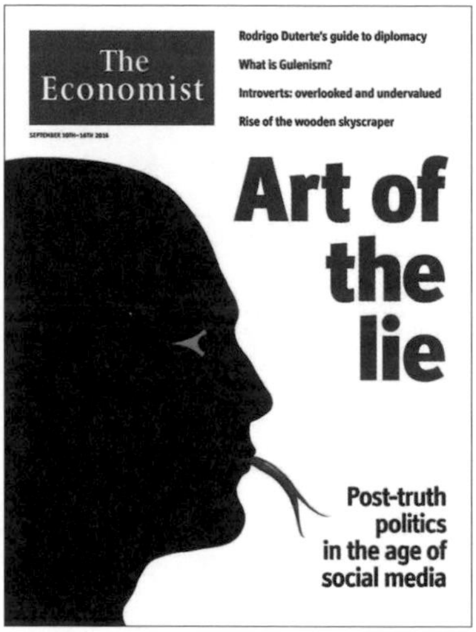

民粹型的政治人物善於
利用社群網路吸引目光，
信口開河做出不切實際的承諾，
民眾也樂於買單，
可見政治生態已發生根本的變化。
©The Economist

PART 2
告別核煤，
邁向綠能新世紀

在臺灣擁核和反核陣營長年的對立中，德國能源轉型的經驗總是一再被提起，
但不是唱衰就是美化：前者散布德國供電不穩、電價太貴人民負擔不起，
和向外國買電以補足本國電力缺口的謠言，警告孤島的臺灣不宜發展綠能；
後者則一味宣揚綠電的好處，絕口不談兩國在氣候條件、科技水準
和人民自主性的不同，彷彿只要以德國為師，臺灣的缺電問題就能迎刃而解。

事實上，在這個開採本地蘊藏豐富的煤礦有數百年歷史，和擁有先進核能科技的國家，
棄核煤改綠電絕非一步到位，而是數十年來擁核和反核的角力、
草根民主的實踐、製造業的互補合作，和環保意識擡頭的結果。
在這個過程當中，將自己發電視為淘汰核煤手段的人民、
勇於打破傳統政商結構的政府、改賣綠電的核電公司執行長、
修正基載觀念的電力調度員和克服海上風浪豎起巨無霸風機的工程師全都是主角。

不過，天下沒有白吃的午餐，能源轉型必然導致電價變貴。
原因不盡然是綠電的成本高，而是因為電網非改造不可，核廢料的安全貯存
必須開始進行，而且不能再繼續對燃煤和汽車的碳排及對健康的危害視而不見。
所以，能源轉型本身既是仰賴進口能源的國家理智的選擇，
也是面對現實必經的痛苦過程，如果政策能在節能、建築、交通、電網
和產業升級全方位配套，全民對改變的想像，將成為帶動國家前進的力量。

1 在地的能源革命：德國能源村的故事

能源民主是：

一、人民與團體自己發電，即使如此做電力公司會少賺錢。

二、目前主要在丹麥和德國發生，但可能擴散到全世界。

三、在發展再生能源對抗氣候變遷的過程中，最常被忽略的好處。

——《能源民主：德國走向再生能源的能源轉型》（*Energy Democracy: Germany's Energiewende to Renewables*），莫利斯（Craig Morris）與約優翰（Arne Jungjohann）合著，二〇一六年九月出版

他們先是忽略你，然後嘲笑你，然後跟你對抗，然後你就贏了。

——甘地

車子離開柏林沿著公路一路往南開，左右兩旁只見大片的松樹林和麥田，窗戶不時閃過向日葵花海和高大的風力發電機，讓人眼睛一亮。一小時後，我們緩緩駛進一處聚落，我的目光立刻被路邊「能源自給自足村費爾特海姆」幾個字吸引。

德國的東北部地廣人稀，費爾特海姆（Feldheim）人口僅一百五十人，全村就一條街和幾棟矮房，看來和鄰近的小村落沒什麼兩樣。不過自從福島發生核災，每年有數以千計的各國能源專家來費爾特海姆取經，臺灣的環保署和臺南市政府也大老遠來考察過，因為費爾特海姆是全德國第一個光靠再生能源就能自給自足的村落。

「再生能源已經為德國的電力市場帶來革命性的改變，」接待我們記者團的能源開發公司 Energiequelle 發言人佛洛溫特（Werner Frohwitter）表示：「只有來鄉下走走，才可能知道德國的能源轉型到底是怎麼一回事。」

●化腐朽為能源

德國的電力市場隨著歐盟的腳步，在一九九八年走向自由化，從此發電和賣電的權力就逐漸下放到民間，打破只有少數幾家能源集團壟斷的局面。目前歐洲幾家專門規劃、興建和經營綠電的電力開發商，許多就是在電力市場剛開放的一九九〇年代末創業，Energiequelle 也不例外。

「費爾特海姆的村民主要以畜牧和務農維生，因此他們十年前考慮投資綠能時，第一個想到的就是生質能。」佛洛溫特說。我們跟著他走到村子角落的沼氣發電廠，馬上聞到空氣中的酸味，有點像是麵團正在發酵的味道。半圓形的發酵槽旁是露天的糞尿收集池，有點臭，但不到難以忍受的程度。

生質能發電的原理，就是在密閉的空間內混入動物的排泄物，和玉米、甜菜、麥粒等所謂「能源作物」，透過發酵過程中產生的沼氣來推動馬達發電，因此一般稱其為沼氣發電廠。

位處溫帶的德國，冬天往往一連幾個月都是酷寒的天氣，發電過程中產生的廢熱經回收後既可做為豬舍、農作物的溫室、民眾熱水和暖氣的來源，而且沼氣純化後就是瓦斯，可直接注入公共的瓦斯管線，分解後剩下的殘渣還可做成堆肥，可說一舉數得，化腐朽為能源。

費爾特海姆的這座沼氣發電廠，是由本地農民組成的農業合作社經營，運作到現在第九個年頭，主要原料就是全村養的近千頭豬和牛排放的糞尿、田裡種的玉米及剩下的麥稈和麥屑，每年發的四百萬度電，可以滿足一千戶家庭的需要。

德國是歐洲最大的養豬國，畜牧業十分發達，為了處理豬隻可觀的排泄物，政府十幾年前開始就透過《再生能源法》（*Erneuerbare Energien Gesetz*，簡稱EEG）鼓勵農村投入沼氣發電，藉由固定的電力收購價來保障農人賣電的合理利潤。目前全國耕地有六分之一用來種植能源作物，像費爾特海姆這樣的

費爾特海姆村使用的能源全都在地生產，電網和暖氣管線也全都屬於村民，是德國第一個光靠再生能源就能自給自足的村落。

©Energiequelle

沼氣發電廠共有九千座，發的電占全國發電量的七％，是德國分散電力來源的重要選項。

除了供應電力、空調、瓦斯和肥料，沼氣發電廠還有電力輸出穩定的好處，能平衡波動的風力和太陽能發電，而且沼氣容易儲存，可隨時機動發電。不過，如果像德國這樣大面積種植能源作物，就會有農作物過於單一化的疑慮，德國的環保團體就常用「黃色瘟疫」來形容大片耕地只種植玉米的單調農村景觀。

●能源轉型的主力

離開村子唯一的街道，車子沿著田野上的小徑往前開，不到五分鐘就是風力發電場，四十幾座高度超過一百公尺的風力發電機矗立在眼前，看上去十分壯觀。

在德國，陸上風力是推動能源轉型的主力，到二〇一六年上半年為止，全國共有二萬六千多座風機，占全年發電量的一〇％，是所有再生能源的首位。為了擷取更多風能，近年來風機愈蓋愈高，加上葉片高度動不動就超過二百公尺，比歐洲最高的教堂尖頂都還高。由於風力發電的成本還有下修空間，專家因此預測，再過二、三十年，德國的用電可能有一半都來自風力。

費爾特海姆位於海拔一百五十公尺的臺地，終年風力強勁，風場全年滿載發電的時間至少二千小時，能滿足四萬家戶的需求，費爾特海姆只需其中的不到一％，剩下的電就全部注入電網。

德國北部、尤其濱海地區地勢平坦，富含風力資源，許多地主為了增加收入，把農地租給像Energiequelle這樣的開發商興建風場。由於賣電所得的營業稅幾乎全歸地方，是故地方官員也樂於配合，對於產業不發達的偏遠鄉鎮來說，賣電的稅收經常是地方政府的重要財源，能有效平衡區域的發展。

●●●

風力發電是歐洲成長最快的電力來源，尤其在
德國、西班牙、英國和法國累計的裝置容量特別高，
有潛力成為未來能源供應的主力，
圖為採用德國風機的法國風場。
©Nordex SE　攝影：Francis Cormon

●噪音和生態的疑慮

不過，任何選擇都必須付出代價，在一些人眼中風機對鄉村的景觀造成衝擊，轉動時的噪音也可能影響附近居民的作息。臺灣的苗栗苑裡民眾組成「反瘋車自救會」的抗爭就是活生生的例子。風機到底該距離民宅多遠，在德國也經常引起爭議，因此各地方政府在規劃風場用地時，都有明確的建議值：一般住宅區方圓一千公尺內不得蓋風機，也有的地方規定是六百公尺。

此外，風力開發還受到諸多限制，申請風場前得先與飛安、國防、氣象、環保、古蹟保護等有關單位協調，並委託專家針對風力資源、強風下的風機安全、運轉的音量、鳥類和蝙蝠的生態，以及葉片投影在地面所造成的眩影等項目進行評估。從找到合適的用地、與地主和當地政府談判、找到金主，到提出申請和與在地民眾溝通，往往得籌備多年才能動工興建。

Energiequelle這家公司創業二十年，在歐洲各國建了近七百座風機，經驗非常豐富。「一九九〇年代，風機離民宅的距離只有四百公尺，現在我們不可能再犯同樣的錯誤，至少都離一千公尺以上。」有些地方政府甚至訂下嚴格的規範，例如南部的巴伐利亞邦就有所謂的「十倍高」規定，也就是說風場離聚落的距離至少是風機高度的十倍，相當於二千公尺，大幅增加風場開發的難度。

除了必須注意跟民宅的距離，規劃風場時也得考慮風向，佛洛溫特指著不遠處的費爾特海姆說：「風機如果完全不用維修，全年可運轉八千七百多個小時，其中八千個小時，住在那頭的村民完全聽不到聲音，這也是為何村民當年支持我們建風場。只有在夜闌人靜且風突然轉向時，村子裡才稍微聽得到，但依舊小於法定的三十五分貝，也就是德國一般醫院和老人院允許的最大音量。」

參觀的那天風很大。我站在一座機鼻離地面一百二十公尺的風機前約五十公尺處豎起耳朵聽，勉強可聽到細微的低頻聲，經佛洛溫特的說明，我才瞭解這是新型的風機，葉片長但轉速慢，噪音比起上一代機型明顯獲得改善。

野鳥保育也是德國環保團體關心的焦點，這也是為何風場經營者必須定期記錄鳥類的數量，並委託專人觀察鳥類的生態。德國經驗顯示，雖然偶有鳥類撞上風機死亡，但風場對鳥類生態基本上沒有負面的影響。費爾特海姆是歐洲的候鳥秋天南飛和春天北返時重要的棲息地，候鳥群經過時，依規定風機也不得運轉。

德國投入風力發電超過二十年，不時旋轉的風機早已是鄉村景觀的一部分。外國觀光客搭高鐵穿過北部平原時，經常為上百座風機排排站的景象讚嘆不已，一般民眾早習以為常。在人口密度高的國家興建電力設施，民眾的接受度往往是計畫是否能實現的關鍵，根據民間的「再生能源通訊社」（Agentur für Erneuerbare Energien）委託的民調，五成的德國民眾能接受自家附近蓋風場，接受度僅次於太陽能發電，但遠高於燃煤發電的六％和核電的五％。

「德國人現在對風力發電還有疑慮嗎？」我問。「現在的批評，主要還是集中在對視覺的干擾，不是每個人都覺得田野上的風機很美觀。」佛洛溫特的回答，讓我想起德國一些反風機人士用「蘆筍化」來挖苦平原上插滿風機的景象。

●用太陽能恢復土地生機

不論是發電或用來燒熱水，太陽能設備的成本相對低廉，隨處都可安裝，最能體現再生能源小規模和分散的特色。德國的日照跟歐洲他國比雖然不算充足，政府為了培養產業鍊，在過去十幾年仍大力扶植太陽能。目前全德有超過一百五十萬座設備，多數屬於一般民眾，每年發的電量相當於臺灣所有核能電廠的總和。

德國的太陽能光電超過八成與建築物的屋頂結合，只有少數裝在地面，其中又以廢棄和閒置的礦區、彈藥庫、工業區、垃圾掩埋場、軍事演習用地和荒地，最適合做大面積的太陽能發電，可耕作的農地近年已不再開發光電。土地在太陽能發電二十年後是否恢復生機，就成了地方政府評估和許可的標準，費爾特海姆就是典型的例子。

Energiequelle是在一九九〇年代末，向費爾特海姆的鄉公所以一歐元的象徵代價，把占地二十公頃的閒置軍事用地買下來，接下來又花了臺幣五千萬，把水泥建物和土地汙染全部清除，讓土地得以重新呼吸。現場目前有近萬片的太陽能發電模組，架設在二百多部用馬達驅動的追日系統上，追蹤太陽移動的軌跡以發揮最大效率，Energiequelle就靠著賣電回收成本。

「像太陽能發電這樣幾乎沒有人類干擾的土地利用方式，環保人士特別喜歡。」佛洛溫特指著斜放的太陽能板底下、長滿各種花草的土地說，「這塊地，在我們經營發電的十幾年來，逐漸恢復地力，連牧羊人也常帶羊群來吃草。」雖然人數已經不多，德國鄉村偶爾還是能看到逐水草而居的牧羊人，政府也補貼他們部分費用，因為羊群將種子帶到各地，對生物多樣性和農村景觀都有助益。

根據法令，業者在賣電二十年後，就可以將土地轉為農業用地，但如果生物多樣性達到一定程度，也有可能劃為生態保護區，「主動來這裡記錄的環保團體，發現了許多稀有的植物和昆蟲物種。幾年後我們不再發電，他們一定會向政府爭取變更土地為自然保護區。」

全民推動能源轉型

能源轉型不僅是揚棄化石燃料和核能，改用再生能源的技術轉型，本身也是電力生產和消費的革命。不論是用自家屋頂發太陽光電，或是像費爾特海姆的農民一樣投資沼

「公民參與，打造能源轉型」：
關心地球暖化和能源議題的民眾，
在能源轉型的過程中不再
只是電力的消費者，而是成了生產者，
土動集資成立公司或合作社開發綠能。
©Agentur für Erneuerbare Energien

氣發電，綠電併入電網沒有障礙又有穩定報酬，人人都可以為供電來源的多角化和節能減碳盡一份心力。人民不再只是電力的消費者，同時也是生產和經營的業者，翻轉了過去電力公司與消費者間不對等的關係。在德國這樣公民意識強的國家，發電從此成了全民運動。

「與其花這麼多錢從阿拉伯世界進口燃料，不如自己發電，用行動來支持國家的永續發展。」佛洛溫特如此描述民眾發電的動機。德國在討論能源轉型時因此有「電力造反者」的說法，指的就是關心能源議題和地球暖化的民眾，集資成立公司或合作社開發綠能，以小搏大，對抗經營核電和火力發電的能源集團，其中最著名的例子就是二〇一三年獲總統頒發「德國環境獎章」（Deutscher Umweltpreis）的烏蘇拉・徐拉戴克（Ursula Sladek）。

一九八六年車諾比核災後，當時還是小學老師的徐拉戴克警覺到核電的危險性，成立民間團體「支持非核未來的父母」（Eltern für atomfreie Zukunft），先從為災區孩童募款和推廣節約用電做起。接著她自修能源和經營的知識，募款創業投資水力和太陽能，為了買下全村的電網，還在地方推動公投和上法院與電力公司對簿公堂。徐拉戴克的執著和熱情，吸引愈來愈多民眾關心能源議題，主動捐錢幫她買電網或是入股她的公司。

徐拉戴克有次演講時表示，她看到政府和電力公司什麼事都不做，決定自己用行動去改變現狀。「我對政治和環保原本不感興趣，我只是個對核電感到不安的五個孩子的媽媽，」這位全國最知名的反核媽媽表示：「人民向來走在政府的前面，我們的目標是能源供應的民主化。」

一九九九年，也就是電力市場開放自由交易的第二年，徐拉戴克的公司開始賣綠電，如今全國有十六萬戶的家庭，都是這家來自黑森林小鎮的綠電公司的客戶。

徐拉戴克改變成真的傳奇故事，激勵了全國民眾投入能源轉型。德國目前有上千家開發和經營再生能源的合作社和公司，股東可能是個人、業者和地方政府，也可能是在地的金融機構；開發綠能把利潤、稅收和新增加的工作機會留在地方，因而成了凝聚向心力和推動社區營造的手段。

像費爾特海姆這樣，以一〇〇%的綠電為施政目標或已經達到目標的所謂「能源村」有一百多個，其中不乏知名的綠色觀光地標。老牌旅遊出版社貝德克（Baedeker）幾年前就出了一本名為《體驗德國再生能源》的旅遊指南，由於市場反

徐拉戴克的綠電公司成立近二十年，目前全國十幾萬戶家庭都是她的客戶，她成功的故事激勵許多民眾投入能源轉型。
©Deutsche Bundesstiftung Umwelt　攝影：Patrick Seeger

應熱烈，最近還出了英文版。

● 未來能源的櫥窗

與德國其他的能源村相比，費爾特海姆的特殊之處在於村民每人花了臺幣十萬元，加上官方的補助，把全村的電網和地下的暖氣管線都買下來。當電網和暖氣管屬於村民，從早到晚所需的能源都是當地自產，嚴格來說才是一〇〇%的自給自足。「家家戶戶都有智慧性電表和遙控器，可以清楚知道自己的用量，整個電網都由電腦來監控，這是德國目前最先進的能源供應方式。」佛洛溫特表示。

為了迎接更多訪客而打造的展覽館「新能源論壇」，以及耗資臺幣五億元、號稱全歐規模最大的電網級儲能系統，日前才剛完工。綠電普及後，各種能源和儲電設備整合和應用的可能性，在這裡全都看得到，讓這個離柏林車程才一小時的小村落，成為全國未來能源的展

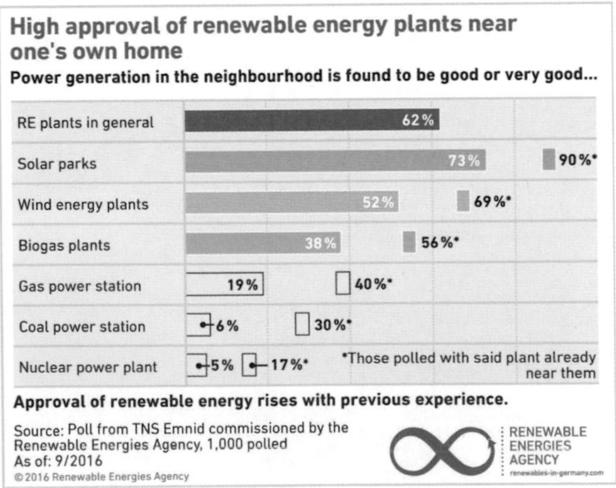

●●●

在人口密集的國家興建電力設施，當地民眾的接受度往往是計畫成敗的關鍵。根據德國二〇一六年九月進行的民調，相較於火力和核能發電，一般民眾比較不排斥自家附近開發太陽能、風力和沼氣發電等再生能源。

©Agentur für Erneuerbare Energien

示櫥窗。

「二十世紀初年，我們德國的皇帝威廉二世曾經說過，我不信任汽車，我只信任馬；現在馬和威廉二世都是過去式，核能和化石燃料遲早也會成為過去式。」佛洛溫特的口氣非常篤定。

2

擁抱能源新世界：傳統電力公司如何轉型爲綠能供應商

過去的經營模式已死，未來要成為綠電巨人，這是德國大型能源集團的終結。

——德國《世界報》（*Die Welt*）評論RWE轉向再生能源的歷史性決定，二〇一六年三月

二〇一四年年底，德國最大能源集團E.ON總裁泰森（Johannes Teyssen）在柏林菩提樹大道上的辦公室召開臨時記者會。談起集團虧損累累的核心業務時，語調意外平靜，讓在場的各國記者面面相覷：「說真的，我不知道靠傳統能源還能賺多少錢。」身穿深色西裝的他板著臉孔，表情有點無奈。

幾天前，這家年營收逾臺幣四兆的跨國能源巨擘才突然宣布，近期內將成立一家新公司，把核電、火力、天然氣等「傳統」業務分割出去，未來只專心經營再生能源、智慧型電網和電池等「能源新世界」的產品和服務。

E.ON是歐洲典型的綜合性能源集團，探勘油氣、經營天然氣管線和發電廠等業務遍布歐洲和南北美，股權分散世界各地，一舉一動都是同業的指標。分割的消息震驚全

球的能源業。

從各國趨勢來看，燃煤發電是霧霾汙染和氣候暖化的元凶，核電產生的核廢料棘手難解，兩者退場只是時間早晚的問題，未來以綠電為主體的低碳價值鏈才能帶來獲利，這正是泰森口中的「能源新世界」。

德國媒體因此開玩笑，這兩家分割後各自獨立的公司應該叫做「E.OFF」和「E.ON」，前者手上只有骯髒的煤電和沒人要的核電，利潤和風險在未來幾十年都難以預測，簡直和幾年前金融危機時用來處理毒資產的「壞帳銀行」沒什麼兩樣。

● 迷信核煤低估綠電

在全球的重量級能源集團當中，E.ON甩掉傳統能源的包袱，勇敢跨出第一步，從投資人的反應來看，這是個激進卻相當有遠見的決定。E.ON和RWE、Vattenfall、EnBW是德國能源業的四大集團，壟斷德國的電力供應數十年，不過營收和市場占有率卻在近幾年大幅縮水。二〇一四年E.ON就虧損臺幣一千億，二〇一五年、也就是分割前一年由於認列損失，虧損更達二千五百億，其他集團的情況也好不到那裡去。

歐洲的電業市場是在一九九〇年代末走向自由化，E.ON現在雖然是股票上市公司，前身和臺電一樣是政府經營的公用事業，核電和火力的發電量加起來超過八成。國際的能源轉型趨勢並非毫無跡象可尋，這些業者顯然沒跟上外在環境的變化，才會陷入前所未有的經營困境。

首先，傳統的大電力公司過度仰賴核電，無視民間反核的聲浪。德國的核電廠與臺灣一樣，多在一九七〇至八〇年代啟用。當年的興建成本歷經數十年的攤提，現在每發一度電就賺一度，核電廠成了電力公司的搖錢樹。雖然反核的綠黨政府早在二〇〇〇年就決定廢核，電力公司依然繼續宣傳核電便宜和無碳排的優點，警告大眾「沒有核電電價就會上漲」、「不排除缺電的可能性」，不放棄翻盤的可能性。結果福島事故後，反核民意沛然莫之能禦，迫使核電廠在運轉年限還沒屆滿前就關閉，造成電力公司的一大損失。

其次，雖然燃燒煤炭會排放大量的二氧化碳，造成地球暖化，傳統能源業長年以來對環保團體降載和關廠的呼籲卻十分抗拒，直到大眾對碳排出現疑慮，政府也訂出減碳時間表，業者才不

在減碳的壓力下，德國的火力發電廠近年來致力減少碳排，
並提高升降載的反應速度，以配合間歇性的再生能源。
圖為位於西部的諾伊拉（Neurath），號稱全球最先進、也是德國最大的火力發電廠。
©RWE

得不面對碳排問題的嚴重性。柏林的主要電力供應商Vattenfall，最近就宣布市區的一座大電廠二〇一七年起不再燒煤，改用天然氣，比預定時程提早三年。為了加速減碳的腳步，德國政府還打算在未來三年付給電力公司臺幣六百億，補償八座老舊燃煤電廠提早關閉的損失。

業者過度迷信核煤，自然對開發綠電不屑一顧，延誤投資的腳步。傳統大電廠的經營者，一旦裝填好燃料就從早到晚發電，難免把發電量隨著天候波動而且規模小很多的再生能源當成「丑角」；反觀綠電業者和一般民眾，在政策的激勵下，競相投入再生能源。結果傳統電力公司原本穩定的賣電收入開始縮水，利潤逐漸被瓜分，造成過去的經營模式難以為繼。

●被傳統電力自縛手腳

「我在E.ON工作了二十多年，看到世界變得這麼快，我也很掙扎。這幾年我一直在想，我們是不是被傳統電力公司的基因綁住，而自縛手腳？」泰森透露，E.ON的董事會為了集團未來走向在內部爭論了整整一年。

「我們原本以為，只有德國在進行能源轉型，可是到世界各地走一圈後發現，發電和用電的人觀念都在變，綠電和數位化帶來的創新，基本上已經顛覆了全球的能源產業，」他直言：「現在連谷歌都跨足電業，我們這一行的營運模式再不改變，就會被淘汰。」

泰森長考後的心得是，傳統電力與再生能源的本質天差地別，原本就不相容：前者所有的努力都是為了維持穩定供電，談的離不開基載電力，也就是不間斷發電的核電和煤電大型機組；後者關心的則是積少成多，以及分散在四處的設備彼此間的動態平衡。兩者的經營需要截然不同的能力：前者把供電穩定當成教條，要求嚴謹和系統性思考；後者則完全客戶導向，就像風力的發電量時大時小，腦袋要靈活、動作要快。

「兩個世界有重疊也有互斥的地方，經營策略完全不同，合在一起會打架，最後可能兩邊都做不好，」泰森總結說：「我們經營核電和火力發電已經好幾十年，既然傳統電力的思維在企業文化早已根深柢固，分割成兩家公司，放手讓綠能獨立發展，就是非走不可的路。」

位於慕尼黑近郊的伊薩爾（Isar）核電廠隸屬E.ON集團，一號機在福島事故後被政府關閉，年發電量曾多次創下世界第一的二號機，按照廢核時程預計在二〇二二年關閉。
攝影：林育立

●電力新藍海：供應綠電

德國的電業市場從開放發電和售電，將公營的綜合電業公司分拆、整併、上市，成立獨立的監管機關，到現在連E.ON規模這麼大的能源集團都被迫轉型和分割，能源轉型的路走了二十年。德國電力市場的現在式，或許過沒多久也會在臺灣實現。

「過去我們總是告訴客戶，核電和火力發電最便宜而且最穩定，現在既然大家這麼愛用綠電，那我們就給他綠電。」泰森如此描述電力公司的新核心業務。

E.ON在觀望多年，克服一開始的消極心態後，決定到英國和丹麥經營海上風電，目前是全球排名第二的離岸風電開發商，僅次於有意來臺投資的丹麥國營企業丹能集團（DONG Energy）。「我們的目標是成為全球再生能源的領導者，」泰森表示。

綠電不是募到錢蓋好就沒事，業者的競爭力來自選址、規劃和實際營運時維修的專業能力。由於海上作業的難度和風險，離岸風力的發電成本向來比其他綠電都高，但丹能二〇一六年標下的風場得標價（每度不到臺幣三元，成本下滑的速度遠超出專家原先的預期，「不要小看我們業界的學習能力，綠電與傳統電力相比當然要有成本競爭力，辦不到的話能源轉型勢必失敗。」泰森篤定地說。

標榜零碳排而且經過認證的綠電，有益於企業形象，不僅蘋果和谷歌愛用，在E.ON的規劃下，柏林現在所有的醫院、大學、紅綠燈等公共用電也只用綠電，市區到處可見用綠電來招攬客人的超商和商店。南部大城慕尼黑的野心更大，打算在二〇二五年前，打造全國第一個光靠綠電，就能滿足所有電力需求的百萬人口城市。

在售電市場開放後，消費者就可到比價網站輸入每戶的人口數和用電量，選擇理想的電力來源組合，每個月的電費和碳排量一目瞭然，跟比較手機費率一樣方便。有人為了省錢買傳統電力，也有人想為能源轉型盡一份心力，所以只使用綠電，尤其年輕世代和大都市的居民，特別以使用百分之百的綠電為傲，全國目前有五分一的家庭用戶願意支付比較高的綠電電費。

●轉向系統整合的服務業

轉型需要換腦袋，傳統電力公司的角色正在質變，價值鏈從資本密集的能源和設備採購，逐漸轉移到系統整合、軟體和服務業。拜數位和網路科技之賜，歐洲的區域性電網目前逐步升級成智慧型電網；從在地的即發即用，到家裡的電器和保全系統連線的「智慧家庭」（Smart Home），全是這個以綠電為主體的「能源新世界」的應用範圍。

泰森舉例：在路上是否能用手機遙控家裡的空調？智慧型電表如何幫助用戶節電？屋頂太陽能板發的電有沒有可能跟鄰居分享？如何把電話、電視、網路、零售和供電的服務全部整合在一起？

「我們不是要跟奇異或西門子這樣的製造業競爭，可是我們比他們更清楚如何把所有的應用連結在一起，」泰森說：「除了綠電，能源業成長最快的領域目前是電網的升級，所有的配電網未來都會數位化，到時我們的角色將從過去只賣電的電力公司，轉型成以人為核心、提供能源相關應用的服務業。」

既然供電只是電力公司提供的服務項目之一，所有與能源和網路相關的產品和服務都是商機，電力公司就得比過去更開放才行，到處獵人頭和尋找新創公司，泰森用五個概念來囊括集團未來的核心業務：「綠電、數位、小規模、去集中化，和相互串聯。」

●自己用的電自己發

泰森相信，電力市場的革命才剛開始，未來的能源世界將與系統導向的傳統電力世界南轅北轍，「未來的電力供應一大部分會走向分散，自己用的電自己發，市場對儲電設備的需求將快速增加。」

德國境內超過一百五十萬座的太陽能發電系統，就是分散式發電最好的例子。當夏季正午日照強烈時，發的電不僅可以滿足用電尖峰，省下燃油等尖載機組昂貴的燃料費用，多數還可就近留在地方使用，電力公司毋須從遠

在能源轉型的過程中，
電力公司的角色將從賣電轉為
提供能源相關應用的服務業，例如
為家庭的發電、儲電和電動車充電、
以及防盜和對照明與空調的管理
提供完整的解決方案。
©Innogy SE

處調度太多電力，增加長距離運輸的風險，由此可見太陽光電的開發也有助電網的穩定。

不過，由於發電和用電的時間不同步，太陽能發的電目前仍舊直接併入電網，發電者用的電來自市電；如果家裡有電池，晚上回家可以用白天存起來的電，這才能算得上是真正的自給自足。

從獨棟的平房、公寓、辦公大樓，到停車場和公共建築，發電搭配儲能是最新趨勢。德國市面上已有數十款與太陽能板搭配的「太陽能電池」，例如E.ON就宣稱，裝了太陽能電池後，自家屋頂發的電可滿足用電的七成，產品耐用二十年。

●傳統電力與綠電互補

「歡迎光臨生日派對！」二〇一六年九月十二日一大早，泰森再度邀請外國記者座談，這一天是負責油氣等傳統業務的新公司Uniper在法蘭克福證券交易所上市的大好日子。雖然一開盤，Uniper的股價就大幅震盪，E.ON也延續近來的跌勢，泰森的心情卻格外輕鬆：「我們總算辦到了，今天是兩家新公司誕生的日子。」

近兩年不見，泰森首先告訴我們一個好消息：除了原來準備好的後端基金，德國的電力公司只需再付「風險附加費」，核廢料的處理就由政府來接手；他特別強調：「這純粹是國會委員會的決定，我們電力公司無從干涉核廢的問題。」毋須擔心核廢的錢坑，集團旗下七座仍在運轉的核電廠照廢核的時間表準時下線，核電從此就在德國劃下休止符，「我們總算把核電問題去政治化了。」聽得出他鬆了口氣。

從這一天開始，E.ON的傳統電力和綠電就兄弟登山各自努力。儘管在國際減碳的壓力下，許多人相信燃煤火力發電遲早也會走上核電的路，泰森對Uniper的未來卻相對樂觀。「綠電是間歇性能源，和傳統電力在系統內是互補關係，未來數十年，傳統電廠還是很難被取代，」他強調：「畢竟有充足的傳統電力，才有推動能源轉型的條件。」

● 恐怖的結束，勝過沒有結束的恐怖

自從E.ON決定分割後，首都代表處就從原來宏偉的歷史大道，遷到火車站旁熱鬧的博物館區，從內部的裝潢來看，比較像是一家科技新創公司。我順手查了下臉書，E.ON的粉絲頁正提醒用戶：「用手機玩神奇寶貝雖然耗電，可是每天玩兩小時，一年下來家裡電費只會多一歐元。」果真如泰森所說，傳統電力公司成了提供能源相關應用的服務業。

●●●
二〇一〇年出任E.ON集團總裁的泰森，正帶領公司邁向以綠電、智慧型電網和電池為主體的能源新世界。
©E.ON SE

從頂樓會議室的窗戶往外望，一公里外就是國會的玻璃圓頂，看著這個全國的權力中樞，泰森有感而發：「在國營的時代，電業與政府的關係太親密，之後又互相不信任，現在的關係健康多了。」跟上次見面時相比，他整個人瘦了一大圈，跟最近的一些政治人物一樣不打領帶，我們發現他不論是身體或思路都比過去靈活多了。

「去年新年第一天，我下定決心減肥，靠運動和節食瘦了三十公斤，這輩子我從來沒想過自己可以辦得到。」「這跟你甩掉化石燃料和核廢的包袱有關嗎？」在座有記者同業問，泰森聽了笑得有點尷尬，但沒有回應。

身為歐洲最大電力公司的負責人，泰森在媒體的形象向來是核電的捍衛者，從今以後卻成為全國最大綠電公司的老闆，在他身上可以看到德國能源轉型的激進轉變。我想起德國人鼓勵打算離婚的人付諸行動時常說的話：「恐怖的結束，總比沒有結束的恐怖好。」這不就是我們中文裡常說的「斷尾求生」嗎？

「全世界都在變，你也得跟著變，」泰森說：「以前我一直相信，核電和燃煤發電對社會整體來說成本最低，現在我也不再那麼確定了，就讓客戶來決定吧。」

3 能源轉型的參考範本：德國怎麼衝綠能

福島核災後我們必須面對現實，那就是連日本這樣的高科技國家，也無法完全掌握核電的風險……再生能源的比重如果快速增加，我們就得更注意成本效益和回歸市場機制。

——梅克爾，「走向未來能源的道路」，二〇一一年六月九日德國國會施政報告

像德國這樣財富建立在煤炭和核能科技領先的富裕工業國家，是否付得起能源轉型的代價，全世界都在看。

——德國經濟暨能源部次長巴克（Rainer Baake），第三屆德國公民能源會議，二〇一六年九月

德國在福島核災後率各國之先，大膽宣布能源轉型的時間表，目標在二〇五〇年前，成為全球第一個「以再生能源為能源體系主體」的工業大國，廢核和推動綠能的決心轟動國際社會。其實早從進入二十一世紀開始，扶持綠能產業就是德國能源政策的重心，綠電占用電量的比重從原來的六%，一路爬升到二〇一六年的三二%，能源轉型的

成績令人刮目相看。

在各國文獻和報導中廣泛使用的「能源轉型」（Energiewende）一字，描寫的不僅是一個經濟體減少核能和化石燃料的使用、由再生能源取而代之的過程，本身也是能源業價值鏈的翻轉，分散的綠電如螞蟻雄兵般逐漸取代集中發電的大電廠。回顧德國能源轉型的進程，有許多模式可以做為他國的參考。

●順應民意，明訂廢核時間表

一九九一年，德國開始強制電業收購再生能源，這是全球第一部鼓勵民間投資綠電的立法，不過由於收購價偏低成效有限。能源政策翻轉的關鍵是一九九八年的大選，代表核電業者和財團利益的保守黨在選後下臺，由領導反核運動的綠黨和左派的社民黨取而代之。

左派政府一上臺，就在二〇〇〇年實施《再生能源法》，規定電網業者以固定價格，連續收購再生能源二十年，用可靠的報酬率為誘因鼓勵民間投資。不過天下沒有白吃的午餐，新能源開發的初期規模都不大，成本又高，到底誰掏腰包？德國的做法並非由政府出錢，而是全民買單，在電費內含再生能源附加費，多數民眾也樂於付出比較高的電價來鼓勵再生能源，以減少核煤的使用。

二〇一一年發生福島核災，政治嗅覺敏感的梅克爾迫於反核民意，與在野黨聯手在災後三個月就完成核電退場的機制，提早在二〇二二年完成非核家園。核能發電在德國沒有前途，本國製造業的龍頭西門子黯然退出經營半世紀的核能事業，轉投入離岸風力發電的懷抱，當時德國媒體曾以「核電工業的九一一」，形容福島事故對各國能源政策的衝擊。

德國從此總算結束擁核和反核陣營長達近四十年的對立，全力衝刺再生能源。在確保能源供應、減少碳排和維持合理電價的三大前提之下，官方訂出綠電比重在二〇二〇年前要提高到三五%、二〇三〇年五〇%、二〇四〇年六五%和二〇五〇年至少八〇%的階段性目標。政府還邀請獨立專家組成委員會，每年檢討電網建設、碳排、綠電比重和能源使用效率等指標的執行進度，並每三年從執行面提出完整報告，分析進度落後的原因和提出建議。根據二〇一六年的最新民調，民意支持能源轉型的比例高

德國西部魯爾工業區的大城埃森（Essen），原本是空氣和河流遭嚴重污染的鋼鐵城和煤礦城，近年來努力進行環境整治和產業再造，生活品質得到大幅改善，獲選為二〇一七年的歐洲綠色首都。圖為市區由鋼鐵廠改建的克虜伯公園（Krupp-Park）。
©Johannes Kassenberg

達九成三，可見德國社會對發展綠能的高度共識。

●綠電和節能是一體兩面

德國不是等到綠電成本降下來才跟進，而是早在技術還不成熟、成本也還很貴的十幾年前，就看到能源轉型的趨勢。二〇〇〇年上路的《再生能源法》，開啟再生能源在本國的大規模應用，讓德國比各國都早一步投入研發，決定產業規格和評估綠電在現實世界的效益和可行性。

《再生能源法》從規劃伊始，就緊扣著產業政策，在太陽能、風力、沼氣發電等領域步步為營。最近幾年全球對再生能源的投資屢創新高，綠能相關產業和傳統的汽車、機械和化工業一樣，為德國賺進大筆的外匯。這套靠長期而穩定的投資報酬率引進民間資金投資綠電、進而將研發能量和生產技術留在國內的政策工具，後來就被包括臺灣在內的數十個國家仿效。

此外，綠電和節能是一體兩面，能源的使用效率沒有提升，能源轉型注定會失敗。在德國政府的政策說帖中，因此經常可以發現這句話：「最乾淨、最便宜和對環境最友善的電，就是沒用而省下來的電。」改善能源效率最重要的政策工具，就是制定嚴格的建築法規和全面開徵能源稅。

德國的冬季酷寒，室內天天都得開暖氣，建築部門占全國能耗的比重，與夏天酷熱非開冷氣不可的臺灣相當。因此早從一九七〇年代開始，就針對建築物制定每單位面積的耗能上限，鼓勵建商採用節能設計和隔熱建材。這個標準此後經過五次下修，建築的能耗如今只有四十年前的五分之一。隔熱效果好的屋頂、外牆和窗戶如保溫瓶般讓室內冬暖夏涼，有效減少空調支出，也帶動節能建材業的興起。

減少建築的能耗在德國是重要的公共支出。過去十年來，政府透過國有銀行的低利貸款和補貼，完成了全國四百多萬戶節能住宅的興建和老舊公寓的翻新，一共帶動臺幣十兆元的投資。

電價太便宜反而鼓勵浪費，高電價並不代表高電費，德國因此仿效北歐國家的做法，對汽油和家庭用電課徵能源稅和電力稅，讓廠商和消費者對化石燃料排放造成地球

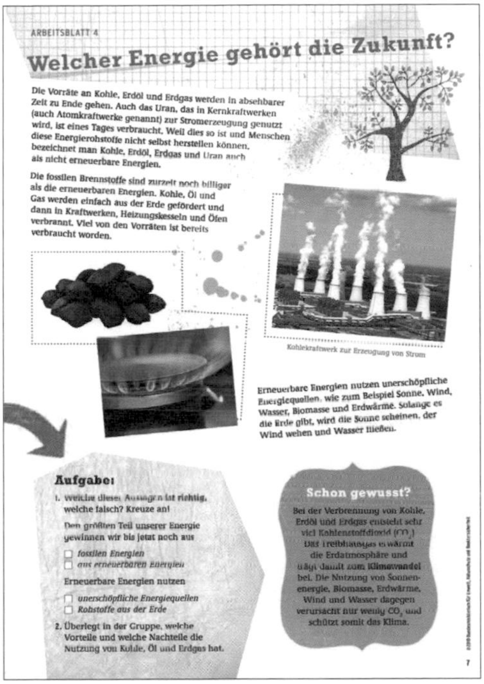

「哪一種能源屬於未來？」
德國高中的補充教材，二〇一〇年出版。
學生在上課的過程中應該認識燃燒煤炭
和石油等化石燃料會造成碳排和暖化，
而且在可預期的將來會用完，反之再生能源
則源源不絕，而且排碳的數量有限。
©BMUB

暖化和危害健康的外部成本有感，進而在行動上改變生產方式和生活習慣，或乾脆選擇零碳排的綠電。製造業和民間傾全力節約能源的結果，每人平均能源消耗量節節下降，全國用電量出現下滑的現象，不僅讓經濟成長與電力消費脫鉤，也成功帶動產業的升級，培養出行銷全球的節能產業鏈。

● 競爭壓低發電成本

電力市場向來由依賴核電和火力發電的大型電力公司所掌握，所以能源轉型的第一步就是開放市場以引進新的競爭者。德國的發電、跨區的輸電、地方的配電和與消費者直接接觸的售電業，在一九九〇年代末修改《能源業法》（*Energiewirtschaftsgesetz*）啟動的電業自由化過程中，就全部被分割和打散，打破過去只有少數幾家集團垂直壟斷的局面。為了維持公平競爭的市場秩序，政府隨後還成立獨立的監管機關。在發電的部分，官方努力的方向是降低發電門檻，設統一窗口方便設備登記，以確保小規模的發電者在連上電網時不會受到歧視。

既然綠電由全民買單，錢當然要花在刀口上，以免民眾無法負擔。因此德國政府從《再生能源法》施行一開始，就逐年調降收購價，近年還開始辦理風場和太陽能的競標，對業者施壓以壓低成本和研究發電功率更高的產品。德國也歡迎各國財團投資電力市場，在高度競爭的環境下帶動本國技術的提升。邊做邊學多年的結果，陸上風力前五年的收購價，近年都維持在每度臺幣三元上下，之後降到只有一．七元。大面積的地面型光電在二〇一五年正式開放招標，隨著太陽能模組的價格走低，到了二〇一六年收購價只剩下每度不到二元。

綠電的發電成本持續探底，實施十餘載的保證收購價終於完成階段性任務，二〇一七年起，除了小規模的發電設備，風電和地面型光電將全面開放競標。綠電回歸市場機制後，收購價可望再降低，打破再生能源昂貴的迷思，進一步提高民眾的接受度。

●發電是一種草根民主

後核電時代的電從哪裡來？由於燃燒煤炭和天然氣有碳排的問題，長遠來看大部分的電只能從再生能源來。但每個地方的地質、氣候條件和天災風險都不同，發展再生能源只能因地制宜，哪裡條件好就從哪裡發電，選址成了成敗關鍵，例如風

德國政府二〇一一年在柏林興建的能源效率示範屋，採用填充氬氣的三層玻璃等高效能隔熱建材，電力完全來自太陽能發電和電池，實際在這裡生活的四口家庭全年自產的能源比用的還多。

攝影：林育立

速兩倍時，蘊含的風能可達八倍。從設備機型到整體規劃，全都得配合在地的條件調整，他人的成功經驗難以直接複製，必須經過實地調查和驗證。

正因為再生能源因地制宜的特性，人跡罕至的偏鄉和海上也可能有金礦，電力的生產將從集中走向分散。由於收購價政策明確，銀行和保險業者樂於提供融資，投資再生能源成了全民運動。家家戶戶在屋頂裝置太陽能板，熱心的民眾集資經營公民風場，連人煙稀少、產業不發達的鄉鎮，也充分利用在地的自然條件，競相投入再生能源的開發，透過賣電收入縮小城鄉的差距。

原本由資本密集的少數業者壟斷的發電權利，下放到地方的結果，是德國的再生能源高達一半由個人所擁有，小型、分散、多樣化的發電遍地開花，由下而上翻轉整個能源體系。對環保有使命感的公民

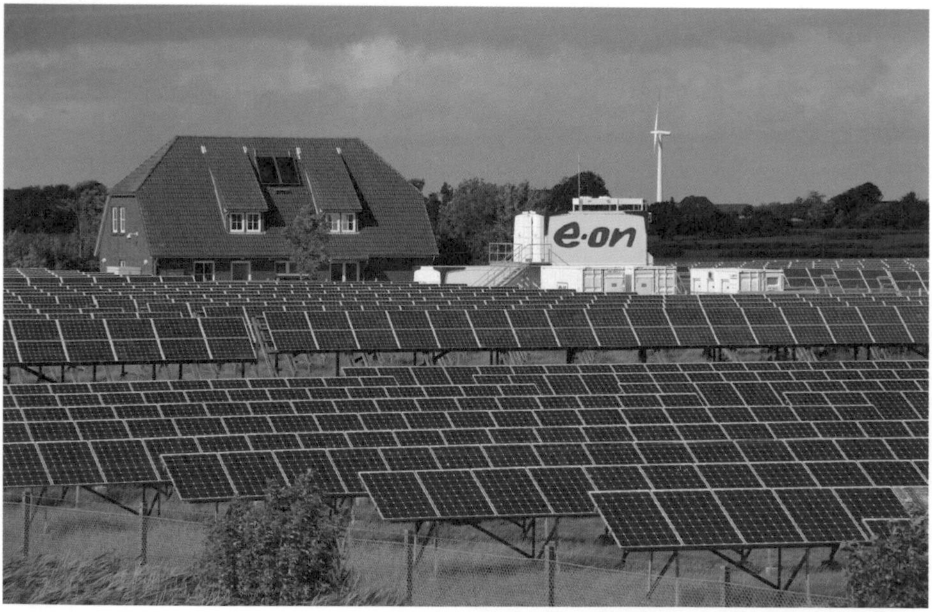

位於北海的小島佩爾沃（Pellworm），透過智慧型電網將太陽能發電、風力發電和電池整合在一起，能達到電力百分之百的自給自足，像這種分散式的微電網特別適合偏遠的地區。
©E.ON SE

身體力行，將發綠電當成淘汰核煤的手段，積少成多打破能源集團的壟斷，發電成了活生生的草根民主實踐。

●新電網取代舊電廠

國家既然有心推動電力結構的轉型，讓廠商和人民有足夠綠電可用，最具效益的做法當然是先用大自然免費送給人類的禮物。因此《再生能源法》從施行一開始就有「綠電優先」的規定，例如用自家屋頂發電和賣電的民眾，電網業者有義務「立即」且「優先」併聯綠電，保證綠電優先上網是綠電在德國得以逐年成長的主要因素。

既然是綠電優先，電力公司的調度觀念也必須跟著調整，不能繼續死抱著核電和火力發電不放，堅持唯有基載機組[1]才能穩定供電。當隨著日升日落、颳風下雨、季節變化而時時波動的風電和光電，逐漸取代核電和火電成為電網的主體時，調度人員就得不時透過氣象預報預測風力和太陽能的發電量，以及提早安排其他的備用電力，供電才能保持穩定。[2]過去除了歲修外，二十四小時火力全開的核能和燃煤機組，只有在沒風和日照不足時才發電，從原本幾乎不休息的主角，變成在後臺待命，偶爾才上臺兼差的配角。

不過綠電發再多，沒有電纜送出去也是枉然，能源轉型在德國因此有「新的電網取

1 長時間連續運轉的發電機組，例如核能和燃煤火力發電。

2 德國綠電占發電量的比重三成，電力供應依舊保持穩定，這點可從衡量供電品質的每戶停電時間（SAIDI）近年都維持在十五分鐘上下得到證明，電力品質領先世界各國。

代舊的發電廠」的說法，擴充電網容量和建立綠電併網的友善環境才是能源轉型成功的關鍵。過去，大電廠多位於都市和工業區的邊緣，發的電經變電所層層降壓給用戶使用，電力的輸送是單行道。如今，從屋頂上的太陽能板到農人用豬糞發電的小型設備遍布全國，發的電多直接併入地方的配電網就近即發即用。配電網從此不再只是電力系統最下游的微血管，而是平衡電力供需的平臺，也就是電力和資訊都能雙向流動的智慧型電網。

因此，能源轉型的主戰場在電網，如何把原本只能單向通行的羊腸小徑，擴建成雙向且誰都能隨時進出的高速公路，無疑是能源轉型的一大難關。

●帶動國家前進的力量

德國的能源轉型不是喊話，也不是什麼綠色奇蹟，而是在確定大方向後，一點一滴的實

●●●

根據德國太陽能同業公會的統計，二〇〇八年全國有四百五十萬的「太陽公民」（Solarbürger），到了二〇一五年就翻倍達九百萬人，也就是人口的九分之一。太陽公民指的是在家用太陽能發電或取得熱水和暖氣，也就是以實際行動來利用再生能源的民眾。

©Bundesverband Solarwirtschaft

踐。當太陽能和風電不再只是「替代能源」，而是成了電力供應的主力後，能源轉型如今在德國已經跨入下一階段，面臨以下重大挑戰。

首先，既然綠電無法隨傳隨到，如能搭配快速配合綠電升降載的發電機組，德國經驗證明間歇性的發電仍可達到穩定的供電。不過，綠電發了得送到需要的地方，德國的風力資源主要蘊藏在北部，工業的重鎮卻在南部，未來十年北電南運所需的龐大輸電網建設勢必面臨環保抗爭。如何在民眾參與的前提下，如期完成電網建設？對電力業者、地方政府和環保團體都是一大考驗。

其次，雖然非核家園和綠電比重有符合時間表，電力部門的碳排近年也呈現下滑趨勢，但整體而言，全國的碳排量仍未得到完全的控制。德國原先向國際社會承諾二〇二〇年前減碳四〇％，二〇三〇年前五五％，但在二〇一六年底只完成二七％，達標幾乎成了不可能的任務。

由此可知，能源轉型絕非只有廢核和改用綠電而已，而是生產方式、建築和交通全方位的跨世代工程。以交通為例，電動車在未來幾年將逐漸取代燃油車，用的電百分之百來自再生能源才是真正零碳排的綠色交通，交通轉型此刻箭在弦上，點燃全國汽車工業的熱情和想像。從電業市場開放至今，德國在能源轉型的路上已經走了二十年，未來能源轉型仍將繼續帶動國家前進，邁向二〇五〇年「以再生能源為能源體系主體」的目標。

特別附錄

公投廢核：奧地利民主深化的轉捩點

根本的核廢問題沒解決之前，根本不該大量應用這種科技……你得不停地問，最嚴重的核事故爆發時，會發生什麼事？

——奧地利輻射防護專家（Peter Weish），一九七〇年代，奧地利公共電視（ORF）專訪

在燃料棒裝填好的最後一刻，總算聽到人民的聲音，茲威騰朵夫核電公投帶給世人最重要的啟發，就是人類的理性戰勝了無知的政商集團對科技的迷信。

——奧地利環保團體Global 2000執行長烏里希（Reinhard Uhrig），《茲威騰朵夫核電廠的過去、現在、和未來》，EVN能源集團出版

核電廠一向給人深牆高院、拒人於千里之外的印象，沒想到出面接待的竟是一位三十歲不到、有問必答的年輕人。「我們先把核電廠蓋好，再問人民要不要，這點跟其他國家很不一樣，」奧地利能源集團EVN的發言人柯瓦力克（Michael Kovarik）劈頭第一句

話，馬上把我的思緒從他身後的多瑙河流水拉回臺灣的核四爭議。

不過，他的下一句話，過了一陣子我才會意過來：「我們可是世界上唯一有臉書粉絲頁的核電廠。」

茲威騰朵夫（Zwentendorf）是位於奧地利首都維也納上游五十公里的小鎮。大白天鎮上不見人影，四周盡是一望無際的麥田。這個人口僅四千人的小鎮，對戰後德國和全球反核運動來說，有著很深刻的意義：這裡有座完工的核電廠，卻在運轉前一刻被公民投票硬生生擋了下來。

●是非題撕裂社會

一九六〇年代，世界各國將核能科技視為能源問題的救星，紛紛規劃興建核電廠。一九七二年，位於臺灣北海岸的核一廠施工後一年，奧地利第一座核電廠也在多瑙河畔的茲威騰朵夫動工興建。當時奧地利的執政黨、工商業界和各大工會全都支持核電，相信核電廠能帶來繁榮和工作機會，反對的主要是受德國

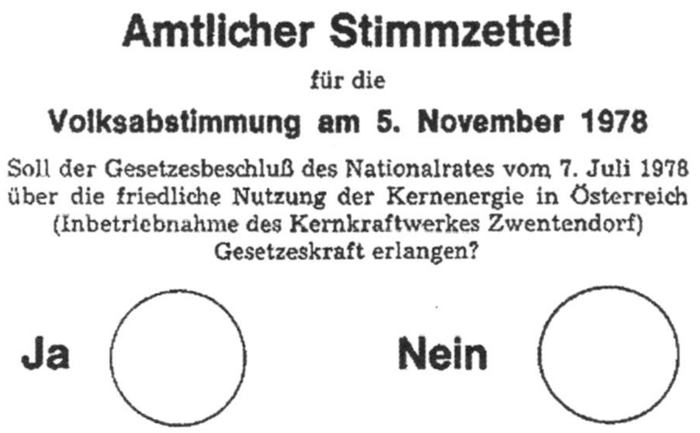

Amtlicher Stimmzettel

für die

Volksabstimmung am 5. November 1978

Soll der Gesetzesbeschluß des Nationalrates vom 7. Juli 1978
über die friedliche Nutzung der Kernenergie in Österreich
(Inbetriebnahme des Kernkraftwerkes Zwentendorf)
Gesetzeskraft erlangen?

Ja ◯ **Nein** ◯

●●●

茲威騰朵夫核電廠該啟用嗎？
一九七八年十一月五日
舉行的核電公投，
是戰後奧地利民主政治
和能源政策的分水嶺。
©Wikimedia Commons

反核運動鼓舞的地方環保人士、大學教授、學生和反體制的左派青年。

原本零星的抗議，後來演變成全國性運動，「反核媽媽」、「反核醫生」等團體相繼誕生，在最高峰的一九七五年，參與反核的民眾高達五十萬人。「當時我還沒出生，可是我父母那一輩人聽到茲威騰朵夫，心底總會激起陣陣漣漪。」柯瓦力克表示，官方代表與反核人士在各種場合公開激辯，社會被簡單的是非題所撕裂。

從當時奧地利街頭的宣傳海報，不難想像社會對立的程度：「核電能提供穩定的能源、維持人民的生活水準、確保國家經濟的獨立發展」，透過這幾句標語，擁核者試圖從經濟觀點說服民眾；反觀反核人士，則一再警告核電的危險性：「茲威騰朵夫位於地震帶、放射線會危及健康和生命、核廢料最終處置場問題未解、首都人口疏散不易。」

備受民眾愛戴的左派總理克萊斯基（Bruno Kreisky），胸有成竹地認為民眾為了經濟發展，一定會支持核電，因此在一九七八年大膽舉行奧地利戰後的第一次公民投票。沒想到反方竟以五〇・四七％的得票率小贏正方三萬票，投票率高達六成五，可見正反方都高度動員，這座隨時可以按鈕運轉的核電廠只好被迫喊停。

●堅固，但讓人窒息

「你們都上過廁所了嗎？」在進入核電廠參觀前，柯瓦力克不忘提醒。原來核電廠員工在廠內排的尿液被視為是放射性廢棄物，整座核電廠有一千多個房間，就是沒有廁所。

我們從後側的小門進去，首先看到的是員工的淋浴間和測量輻射線的儀器，幾件看起來像是從來沒用過的輻射防護衣還掛在衣架上。核電廠建築雖高，卻沒有樓層，電梯的按鈕旁只標示著高度的數字，搭到三十九．四公尺後走出來，就是反應爐上方抽換燃料棒的平臺，寬廣有如西方歌劇院的大舞臺。

茲威騰朵夫核電廠落成至今四十年，牆壁卻沒有一點剝落的痕跡，金屬設備看不到任何鏽蝕，彷彿封存在一座巨大的冷藏室。我站在平臺上舉頭四望，對圍阻體的厚實和堅固留下深刻印象，卻也因看不到任何一扇窗戶而感到窒息。

從來沒蓋起來過的爐蓋就放在角落，我走到反應爐的邊緣屏住呼吸往下看，視線不知不覺迷失在深淵，原來這裡就是原子被撞擊產生巨大能量的所在，也是整座核電廠的心臟。

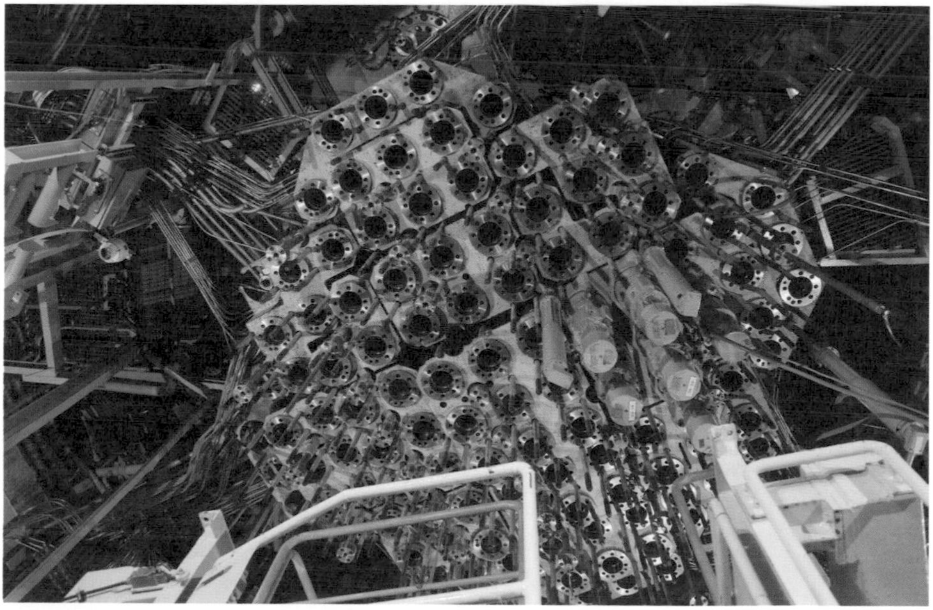

茲威騰朵夫核電廠從未運轉過，參觀的民眾可以直接走進反應爐的下方，一窺用來控制核分裂速率的控制棒。

攝影：林育立

「反應爐運轉時，爐心內的五百束燃料棒，可以產生最高四千度的高溫，將多瑙河的河水瞬間化為蒸汽，推動渦輪機發電。這座核電廠每年發的電，足以滿足全國十分之一的用電。」柯瓦力克詳細解釋沸水式反應爐的運作方式。

茲威騰朵夫如果還在運轉，是否會像臺灣老舊的核一和核二廠一樣故障頻傳？萬一發生事故，身穿防護衣的工人，在這四面八方被層層水泥包圍的空間內摸黑搶修，得承受多大的心理壓力？想到核災不可收拾的後果，難道不會手忙腳亂？第一次走進核電廠參觀的我，腦海立刻浮現福島氫爆的畫面，想像爆炸的威力，如何把爐心正上方的厚重屋頂掀開。

●封存以拖待變

做為一種最能體現直接民主的制度，公投具有一翻兩瞪眼的強制性，但茲威騰朵夫核電廠在公投後卻一連封存了七年，直到一九八五年，廠方才正式宣布棄廠。從現在的觀點來看，或許會覺得不可思議，但回到當時的時空背景就可以理解，奧地利政府為何不排除翻盤的可能性，寧願以拖待變等待民意轉向，畢竟一九七〇年代正是核能發電的黃金年代。

這座核電廠的造價折合現值是臺幣四百億元，其中十六億是封存費用，對此柯瓦力克有感而發：「不去用而把它封存起來，還雇用二百名工程師留守，本身也是筆很大的開銷，現在想來，為了封存付出這麼高的代價，實在不值得。」

公投前的辯論，迫使核電爭議全部攤在陽光下，團結的人民擋下政府的重大決策，具有深化民主的意涵，這也是為何任何一本討論戰後奧地利歷史的書，一定會有一章專門在講茲威騰朵夫的公投。

核電公投六年後的一九八四年，奧地利政府打算在多瑙河的海恩堡（Hainburg）溼地興建水力發電廠，引起環保團體不滿，數千名民眾一連好幾天占領濕地，次年的一九八五年，由著名動物學家勞倫茲（Konrad Lorenz）發起的請願有三十多萬人簽署，發電廠的計畫迫於民意只好中止。這兩次重大的環保事件，公認是奧地利戰後民主政治的轉捩點，間接促成奧地利綠黨的誕生。

一九八四年，奧地利環保人士占領多瑙河的海恩堡濕地，阻止水力發電廠的興建，遭警方強力驅逐。這起事件標誌著奧地利環保意識的擡頭，間接促成綠黨的崛起和「多瑙河溼地國家公園」（Nationalpark Donau-Auen）的成立。

●擁核反核對話的平臺

茲威騰朵夫核電廠從沒有發過一度電，絲毫不用擔心輻射汙染，幾年前開始開放給社會大眾免費參觀，結果馬上吸引許多科技迷前來一探究竟，畢竟這是世界上唯一一座人人都能參觀的核電廠。每年參觀人數的上限是一萬人次，每季開放一定的名額，只要公布開放訊息，幾小時內就會被搶光光。

以二〇一七年為例，參觀的時間和名額一月中就在官網上公布，當然自己組團花錢參觀的不在此限，「靠導覽其實賺不到什麼錢，我們是為了公司的形象才開放，希望爭取大眾的信賴，畢竟在自由的電力市場用戶可隨時更換電力的供應商。」柯瓦力克表示。

茲威騰朵夫公投後，非核家園逐漸成為奧地利社會的共識。就在政府決定棄廠後次年，蘇聯的車諾比爆發核災，爐心熔毀的惡夢成真，奧地利民眾從此更是聞核色變，慶幸當年擋下了「核一」，原本核二和核三的計畫也胎死腹中。與德國擁核和反核長久的對立不同，公投後，奧地利國會馬上立法禁止核能發電，一九九九年甚至將非核家園提升到憲法位階，成為歐洲旗幟最鮮明的反核國家。

如今，奧地利的朝野政黨仍全都反核，根據歷年民調，反核的民意也高達八成，但一般民眾對茲威騰朵夫核電廠還是感到好奇，想知道當年針鋒相對的公投到底在吵什麼。結果，這座廢棄不用的核電廠在開放後，意外成為擁核和反核者對話的平臺。「核電廠這麼貴，培養了這麼多人才，棄廠多可惜。」來參觀的民眾，有部分人仍是核電的死忠擁護者。「幸好廢了，讓我們及早擺脫核能，把資源用在再生能源上。」則是現場更常聽到的說法。

「我估計來參加導覽的民眾，九五%反核，」柯瓦力克表示：「但我們無意強迫任何人接受特定立場，也不會去評價對錯，」他說：「老一輩的奧地利人來參觀，難免帶著點情緒，好在現在大家可以平心靜氣地討論，不用再像三十多年前那麼劍拔弩張了。」

奧地利在確定棄核後，全力利用阿爾卑斯山區的資源開發水力發電，風力和太陽能在過去十年的年成長幅度也高達一五%，如今再生能源占用電的比重高達七成，居歐盟各國首位。

● 失敗科技博物館

廢棄的核電廠該如何利用？有人提議在原址興建火力或天然氣發電廠，有商人打算改建成主題樂園，就像德國西部卡爾卡爾（Kalkar）那座因安全理由從來沒發過電的核

茲威騰朵夫核電廠的中央控制室如今人去樓空，
不過桌上仍放著當年值班核能工程師的紀錄，彷彿他們不久前才離開。
攝影：林育立

電廠，搖身一變成了兒童樂園和旅館一樣；還有藝術家突發奇想，建議在這棟全國造價最昂貴的工業建築成立「失敗科技博物館」，留給後世警惕，說到這裡，柯瓦力克忍不住苦笑。

當年上百位專程到美國和德國接受訓練的核能工程師全都離開，整座廠空蕩蕩放著好多年，所有的建議都被政府打回票。直到二〇〇五年EVN用臺幣一億元的象徵性價格接管，這座核電廠的遺址才又見到一絲曙光。

EVN是奧地利面積最大的下奧地利邦（Niederösterreich）主要的能源供應商，家家戶戶用的電、瓦斯和暖氣全靠它。隨著歐洲各國近年來向再生能源靠攏，原本以化石燃料為主的EVN也積極轉型，核電廠的屋頂和周圍空地到處蓋太陽能板，這是與維也納工業大學合作測試不同天候下發電功率的計畫。

由於電網、道路、河運的基礎設施一應俱全，EVN未來也可能在這裡發電，沼氣和天然氣都是選項，但還沒改建前先利用它的剩餘價值，全廠十分之一的零件已經賣給

「核電？不用了，謝謝」：這個聞名全球的微笑太陽反核標誌，最早是由丹麥一名二十二歲的學生所設計，後來在德國和臺灣等國的反核運動都可看到。
©Wikimedia Commons

德國同型的三座核電廠，「我們連螺絲都符合最嚴格的核安標準，能賣的就賣。」不過，最近連這三座核電廠也因過於老舊，在福島事件後被德國政府強行關閉，斷了零件轉手的機會。

此外，茲威騰朵夫核電廠完全符合核電廠的真實狀況，卻沒有輻射線的疑慮，也適合做為核能安全的訓練基地，德國和印度的電力公司就曾派人來此受訓。但到底該做什麼用途，EVN試了十年到現在還是舉棋不定，只好暫時租給公司行號辦活動或拍電影，增加一點零星收入。

二〇一一年，德國的電視臺曾播放過一部電影，說的是電力公司隱瞞核電廠興建過程的疏失，結果在商轉過程中發生災變的故事，片子就是在這邊拍攝。當時德國社會才正在為核電廠是否該延役而爭擾不已，沒想到這部片播出後不到兩個月就爆發福島災變。

「您想拍片、舉行電影放映會、安排模特兒走秀，還是貴公司想找特別的場地做簡報和

德國西部卡爾卡爾的核電廠在一九八〇年代完工，卻因為安全和經濟等種種理由被廢棄，如今已改建成遊樂園，每年吸引近三十萬的訪客。
圖：取自卡爾卡爾奇幻樂園（Wunderland Kalkar）官方簡介

開派對？」EVN的簡報放了一張七彩燈光投影在發電機組的照片，宣揚在廢棄的核電廠辦活動的好處。整個社會當年為了核電的紛爭，付出這麼高的代價，最後竟然只是為了工業廢墟的神祕感而充當演唱會的舞臺，令人唏噓。

●能源轉型的象徵

福島事故後，世界上再也沒有國家敢迴避核電的風險。做為全球第一個公投廢核的歷史現場，茲威騰朵夫的故事最近又受到關注。「每逢三月的福島事故週年，就會有各國的記者來訪，你們亞洲來的尤其多。」茲威騰朵夫在反核運動具有指標性的意義，自然成為各國反核人士的精神堡壘，前來朝聖的人絡繹不絕。

幾年前，擅長攀上鑽油平臺和貨櫃船抗議的綠色和平組織，就在這座改發太陽能的核電廠外牆掛上「能源革命、氣候變遷解決方案」的巨型布條，象徵意義不言而喻。

走出核電廠的密閉空間，眼前就是寬闊的河面，我的心情頓時開朗。岸邊就是全長三千公里的多瑙河腳踏車道，路過的騎士看到這棟深灰色的龐然大物，不知道有什麼感想？如果他們稍微注意一下，應該會發現外牆掛著一個液晶數字的看版，顯示的是廠區太陽能板的發電量。EVN發給每位訪客的簡報資料，刊頭是《茲威騰朵夫核電廠的過去、現在和未來》，這裡的未來，指的當然是再生能源。

「就是有人沒有從錯誤中學到教訓」，我想起在茲威騰朵夫核電廠的臉書上，曾經讀到EVN對日本重啟核電的評論，改頭換面的茲威騰朵夫核電廠，如今已經成了能源轉型的推手和最有力的象徵。根據獨立能源專家施耐德（Mycle Schneider）主筆的《世界核能產業現狀報告》，包括茲威騰朵夫在內，全球到目前為止已經有十七國的九十二座核電廠，因各種理由蓋到一半而停建。

「你們給我的資料，上面說茲威騰朵夫是全世界唯一一座完工、卻被公投否決而廢棄的核電廠。我們臺灣也有一座完工的核電廠，離發電只差臨門一腳，只要我們的總統敢跟你們一樣來辦場公投，搞不好也會被否決，屆時你們的官方文件是不是應該要改一下？」我想考考這位年輕的發言人。

「真的嗎？那沒關係，至少我們還是第一個。」柯瓦力克非常得意，我聽了大笑，內心卻有說不出的悲哀。

特別附錄

擺脫核電的關鍵科技：臺海風電蓄勢待發

全球最佳的風場多數就在臺灣海峽。我們希望由政府整體規劃，交由國公營事業帶頭，結合國內外合作夥伴，共同推動臺灣海峽的海上風力發電事業。

——蔡英文，臺灣海洋產業研討會，二〇一五年七月

過去六年，離岸風力發電的成本跌了超過一半；未來離岸風力還會更有競爭力，在能源組合中占有一席之地。

——羅蘭貝格管理諮詢公司，二〇一六年十月

走在德國第一大港漢堡的人行道，北海吹來的溼冷海風陣陣打在臉上，一座六十公尺長的風機葉片橫躺在商展中心的大門口，讓我想到臺灣北部漫長的冬季，以及在經濟部刊物《能源報導》上讀到的句子：「強勁的東北季風，從漏斗型的臺灣海峽直灌而入，喚起了西部沿岸蓄勢待發的大風車們，也吹出了綠金。」

這裡的大風車指的是海上的風力發電機，北海的丹麥、英國和德國正是人類最早利用海風發電的國家。臺灣業者在突破法令和政治的層層障礙後，第一座示範性離岸風場

將要在二〇一七年開始發電，踏出能源轉型重要的一步。

離岸風電的成本近年大幅下滑，成為臨海國家發展綠電的重要選項。在臺灣投資離岸風電到底有什麼優勢，為何丹麥、德國、法國、加拿大、日本等國的外商都躍躍欲試？在海上利用風力發電，會不會受到地震和颱風等天然災害的限制？為何離岸風電是臺灣邁向非核家園的關鍵科技？

● 臺灣海峽深具風能潛力

「臺灣西部沿海海水不深，海岸線又長，有很多地方適合興建離岸風場。」在德國西門子集團負責亞太離岸風電業務的蓋哈特（Martin Gerhardt），在漢堡國際風能展（WindEnergy Hamburg）受訪時表示。西門子在全球離岸風機的占有率將近七成，目前正積極搶進亞洲市場，苗栗外海示範風場的兩

英國是開發離岸風力最積極的國家，到二〇一五年為止全國已經有二十七座風場。
圖為位於英格蘭東岸的Scroby Sands風場。
©E.ON UK

距離海岸四十五公里的北海風場 alpha ventus，
二〇〇九年完工啟用，是德國第一座離岸風場。
©DOTI　攝影：Matthias Ibeler

座風機就是由西門子所製造。

再生能源的開發只能因地制宜。臺灣地狹人稠，太陽能的發展受土地面積限制；由於民眾對噪音有疑慮，陸域風力的開發也接近飽和；只有海上風力由於臺灣海峽狹長的特性，每年準時報到的東北季風風力強勁，具有得天獨厚的優勢，英國的顧問公司4C Offshore因此將臺灣西部海域評為全球最具潛力的海上風場，能源局早在多年前就規劃了三十六個開發區塊。

蓋哈特建議，臺灣可以走同樣也是四面環海的英國走過的路，從淺海到深海一步步累積經驗。「英國是從近海的第一期（Round 1）做起，利用鋪設在海底的電纜，把發的電直接傳到陸上的變電站，目前相關技術已經相當成熟。」他說，「接下來，臺灣的風機就可以逐漸遠離海岸線，像英國的第二和第三期一樣，向高難度和高成本的深海和高壓直流電電纜挑戰。」

●為惡劣天候打造的風機

雖然臺灣有很好的先天條件發展離岸風電，不過實際開發時卻面臨重重挑戰，首先必須面對的就是地震和颱風。目前市場上熱門的單機8MW（MW：百萬瓦）容量機型，葉片光轉一圈就能滿足一戶家庭一天的用電需要，發電效率相當強大，但風機高度接近二百公尺，這種巨無霸風機能經得起地震和颱風的衝擊嗎？

全球各大離岸風機製造商美國的奇異（GE）、日本三菱重工（MHI）與丹麥維斯塔斯

（Vestas）合資的MHI Vestas都生產能抗強風的風機，西門子也不例外，「風機耐風能力最高的Class 1a等級，本身就是為惡劣的天候條件而設計，符合臺灣海峽的需要，我們不太擔心颱風。」他說：「北海的平均風速並不小於臺灣海峽，水汽也一樣富含鹽分，對零件來說是殘酷的考驗，可是當地的風機運轉了二十多年，還是一樣可靠。」

至於臺灣頻繁的地震，「塔體和水下基樁的設計，必須根據海床和氣候的條件調整，例如澎湖和臺灣海峽的北部就會有不一樣的設計，」他說：「臺灣的建築法規對耐震有詳細的規範，我相信在技術上一定能克服。」

● 影響生態與漁獲量？

離岸風電不需要土地，也不像陸上風機有噪音問題，但在海上進行打樁作業時會在

矗立在海上的離岸風機，要能挺住風雨和海浪，需要像這樣的三角管式基座。
©Stiftung OFFSHORE-WINDENERGIE　攝影：Jan Oelker

水底下發出巨大的噪音，難道不會對魚類生態造成衝擊？臺灣蘊藏風能最豐富的地方是彰化外海，當地正好是珍稀的臺灣白海豚覓食的海域，風場是否也會影響豚類的生態？這是開發離岸風電的另一個挑戰。

歐洲在北海開採石油，利用海洋資源歷史悠久，針對風電對生態的衝擊做過不少實證研究。德國在規劃離岸風場區塊時，一般來說都會避開瀕危物種棲息的地區，風場與風場之間也會規劃大面積的「走廊」，方便候鳥遷徙。

德國學者在北海和波羅的海的風場旁設置的海上觀察平臺，觀察海洋生態多年後發現，只要打樁的海事工程一結束，魚類和蚌類就會進駐，風場反而有增加物種多樣性的效果，原因是海床上的基樁一如人工魚礁，能吸引新的物種。另一方面，風機運轉時水下相對安靜，風場一般來說也禁止船隻行駛，這讓海洋生物有寧靜的繁殖空間，周邊的漁獲量還可能因此而增加。

至於歐洲常見的豚類港灣鼠海豚，研究人員在北海的八座風場監測五年後也發現，風場在打樁時，這些豚類會因噪音而走避，不過整體來說，港灣鼠海豚的數量並沒有因此而減少。

●建立本土海洋工程團隊

臺灣核電廠和火力發電廠的機組須從國外進口，每年為了進口燃料付出大筆外匯，發展風力發電是建立能源自主科技和減少對進口能源依賴的大好機會。不過，政府和業界長年來忽視風力發電，陸上的風機幾乎全從歐洲進口，本地只有少數幾家零件供應商，缺乏製造風機的技術和產業鏈。對此，蓋哈特建議臺灣一步一腳印，慢慢培養自己的供應鏈，現階段除了風機非得從國外進口之外，塔架、基樁、變電站和電纜都可在本地生產。

蓋哈特指出，海上施工的難度很高，對臺灣來說，真正的挑戰恐怕是海事工程和維修能力；前者包括專用碼頭和施工船等硬體以及施工團隊，後者主要是保養和維修的船隻、直升機及人員。「臺灣造船業的基礎很強，我認為臺灣應該打造本土的海洋工程團隊，」他說：「至於維修能力，亞洲各國都很缺乏，臺灣建立起來後，可以到其他國家服務。」

離岸風力產業牽涉到許多環節，需要長時間累積技術和經驗，不可能一蹴可及。以風機的製造為例，海面上的風速和風向不時變化，相較於陸上風機必須更加堅固和耐用，才能在風力強勁的時候穩定輸出。我在展場中看見幾家專門訓練風機維修人員的學校，瞭解歐洲風機人才養成和認證的嚴謹過程，不只是硬體，臺灣在軟體部分也還落後一大截。

●國內外合資培養產業鏈

對於臺灣的國營企業中鋼有意用技術移轉的方式，打造國產風機，加速縮短與外商的技術差距，研究離岸風電產業多年的麥斯管理顧問公司創辦人陳世芳持不同的看法。

他說，歐美大廠的技術累積數十年，絕非臺灣短短幾年努力就可趕上，他建議政府和業界摒棄土法煉鋼的做法，打開心胸與世界級的風機製造商合資，才可能培養出具有國際競爭力的產業鏈。

陳世芳舉歐洲歷史悠久的風機製造商維斯塔斯為例，這家公司有一種風機的物聯網技術，能大幅提高發電量，為了開發這個技術，維斯塔斯累積了三十年的數據，收集了三萬多座風機的資料，像這樣的技術是提高成本優勢的關鍵，就算土法煉鋼遲早也會需要這樣的技術。臺灣如果從一開始建立產業鏈就走國際合作的路，接下來的發展會順利很多。

他相信，以臺灣低成本的製造優勢，即便在本地生產落後歐洲一代的機種，每度電的成本還是可以壓低到和歐洲最先進的機種一樣，產品還能行銷亞洲各國，如此創造出來的就業機會才能持久。

離岸風機維修不易，對經營者來說是一大挑戰，
圖為維修人員正在進行直升機繩索下降的訓練。
©Areva Multibird　攝影：Jan Oelker

民進黨政府對離岸風電寄予厚望，二〇二五年前要完成裝置容量3GW（GW：十億瓦）的目標明確，如果以每座風機8MW來計算，相當於臺灣海峽屆時將聳立四百座風機，滿足約三百萬戶家庭的用電。臺電因此在二〇一六年十月成立了海域風電施工處，與臺船等國營企業組成「國家隊」，打算在彰化外海開發風場，全球最大的離岸風電開發商丹麥的丹能（DONG）等外商也來叩關。不過，陳世芳對臺灣離岸風電的未來依然憂心忡忡，他強調，臺灣發展綠電最大的挑戰其實在電網的建置，如何將海上發的電送到真正需要的地方，考驗臺電的決心。

● 電網是最大挑戰

陳世芳分析說，海上的環境相當惡劣，輸電網路要考慮到高溫、高濕、鹽蝕、海浪、地震和颱風等因素，成本非常高，過去德國就曾因電網建設不及，造成風場如期完成卻無法供電的悲劇，因此臺電是否能即時完成足夠的電網，將決定臺灣離岸風電的未來。

他強調，唯有「電網先行」的規畫，綠電才有可能成功。臺灣北部長久以來電力短缺，廢核後情況只會雪上加霜，未來如果想使用中南部發的龐大風電和太陽能，臺電有必要擴充中部往北部的輸電容量；其次，臺海風能的蘊藏量很大，長遠來看與陸地連結的電纜應該在北部上岸，「海電北送」直接讓大臺北都會區使用。因此，他建議臺電最好雙管齊下，及早規劃陸上和海上電網，才不會像中國現在一樣，發了電卻送不出去，到處出現棄風和棄光的問題。

●擺脫核電的關鍵

海上的風速比陸地高，而且風持續不斷地吹拂，比起陸域風力和太陽能發的電更穩定，這是上天賜給人類的禮物。但是，過去因為成本太高，除了英國和丹麥等天然條件好的國家外，發展並不順利，德國就是因為天候和併網技術問題遲遲未解，北海的第一座風場拖了兩年才完工。

不過，隨著德國和英國幾座大型海上風場陸續完工和併聯發電，業者最近顯然已經

●●●
丹麥玩具大廠樂高在德國投資離岸風場，
以確保有足夠的綠電可用，
目標是在二〇二〇年前生產用的電全部來自綠電。
圖為樂高送給員工的聖誕禮物。
圖片：取自 promobricks.de

克服初期的技術門檻，離岸風電再度成為各國能源轉型的重要選項，亞洲的中國、南韓、日本和美國全都躍躍欲試。

離岸風電近來成本下滑的速度令觀察家吃驚。根據彭博新能源財經（Bloomberg New Energy Finance）專家估計，二〇一六年下半年全球離岸風電的均化發電成本已經跌到每度臺幣四元，較二〇一五年同期下跌了三成。丹能二〇一六年七月標下荷蘭風場得標價加輸電成本，每度只有臺幣三元，同年年底石油巨擘荷蘭皇家殼牌（Shell）標下的荷蘭風場甚至不到臺幣二元，寫下離岸風電發展的里程碑。

隨著示範風場的啟用，臺灣二〇一七年正式邁入了離岸風電元年，丹能已經宣布臺海的風場最快在二〇二一年起建。風機愈大發電效益愈好，成本也愈低，目前正是臺灣投入的好時機。陳世芳估計，屆時如果使用10MW的機種，每度電的成本約在臺幣一元到二點五元之間，加上電網的成本不到一元，離岸風力對臺灣來說無疑是具有相當競爭力的綠色能源選項。

「離岸風電搭配電網建設，就是臺灣擺脫核電的關鍵，」陳世芳說。

PART 3
揭露真相，走出獨裁

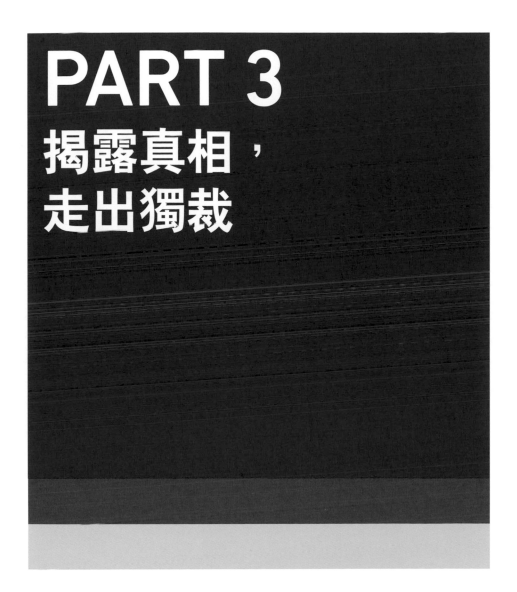

清查黨產、淘汰審判政治犯的法官、釐清公務員與情治單位的關係、
審判下令射殺無辜人民的高官……在東德由威權轉型為民主的第一時間，
德國就積極面對共黨統治的過去。其中運作至今超過四分之一世紀的史塔西檔案局，
是民主轉型國家在處理前朝遺留的政治檔案時經常借鏡的對象。

納粹對猶太人的屠殺是歷史上獨一無二的罪行，
戰後的西德人用「克服過去」（Vergangenheitsbewältigung）這個長到令人喘不過氣來的字，
來描述這個「克服」罪惡感和負面記憶的漫長過程，歷史在此是沉重而且充滿禁忌的。
德國在兩德統一後，再度面臨過去的一黨專政該如何處理的難題，
此時改用比較中性的字眼：「釐清」（Aufarbeitung），
重點放在真相和結構面的揭露，避免二分法式的清算和道德審判。

釐清不堪的過去需要勇氣，史塔西檔案局給民眾翻閱自己案底的機會，
迫使加害者面對責任，也讓受害者直視人性的黑暗，
從此雙方都不用繼續活在欺騙中，提高對話的意願。
當社會持續不斷地提醒自己不要忘記過去的不正義和不人道，
對是非和公義的想像漸趨一致時，自然就能告別陰謀論和對立，走出獨裁。

1 民運記憶的守護者：東德工人賽羅的故事

當我看到站在臺上演講的沃爾夫（Markus Wolf，長年擔任東德特務首腦）的手，
由於臺下群眾的噓聲而不停顫抖，我告訴身旁的人說，
現在可以離開了，大勢已經底定，因為革命不可能再回頭。
——東德民運領袖波萊（Bärbel Bohley）回憶一九八九年十一月四日，
東柏林亞歷山大廣場的百萬人大示威

每一次的革命同時也解放了語言，以前很難說出口的，現在突然間就脫口而出……
我們現在就要民主！
——東德作家沃爾夫（Christa Wolf）對示威群眾演講的第一句話

「剛剛才有一位八十歲的老人來，手上抱著一疊傳單，問我們要不要，」賽羅（Tom Sello）打開東柏林一棟老公寓的大門，迎面向我走來。如果不是先看過報紙上的照片，我實在很難想像眼前這位身穿T恤和牛仔褲、自稱是「哈福曼協會」員工的中年人，是德國聯邦十字勳章（Bundesverdienstkreuz）的新科得主。正因為他的努力，圍牆倒後四分

之一世紀的今天，東德民主運動的故事才有人繼續述說。

當共產黨還緊緊抓著政權不放時，賽羅的正職是建築工人，副業是黨外民主運動的志工，冒著坐牢的危險偷印違禁品。自從東德在地圖上消失，他就在暗無天日的公寓後院埋首收集民運的紀錄。

「公然挑戰共黨獨裁的公民典範」、「策劃的和平革命展覽大獲成功」、「反對運動的檔案能留到今天，都是他的功勞」，德國總統高克將象徵公民最高榮譽的勳章披戴在他身上時，如此讚揚賽羅。一向很少在公開場合出現、連名片都沒有的他，頓時成為全國媒體爭相採訪的英雄。

●社會安定的假象

賽羅現年五十九歲，家鄉在東部薩赫森邦的偏遠小鎮。他記憶中的青少年歲月，正是東西德和解與東德經濟復甦的一九七〇年代，社會氛圍有點像是臺灣的戒嚴時代：「共黨統治的時候，街上到處是標語，官方一再歌頌社會主義烏托邦的理想，整個社會自我感覺良好，多數人只想維持現狀，表面看起來相當安定。」

東德位居歐洲冷戰的最前線，入伍當兵是所有成年男子的共同回憶。不過，一下部隊看到長官凌虐部屬、老兵霸凌菜鳥，軍隊裡原來這麼黑暗，他開始感到徬徨：「社會的問題在軍中看得特別清楚，當兵的時候我常想，這樣的國家壓迫無所不在，那些標語和口號根本全是謊言和空話。」

賽羅不願扭曲自己配合體制，一年半的義務役結束，他拒絕當後備軍人，因此拿不到大學入學許可，被迫到東柏林的建築工地討生活。「反正工地是社會的最底層，再低也低不下去了，」說到這裡，他苦笑：「而且當工人還有個好處，就是可以暢所欲言，講政治比較不怕被找麻煩，不用像其他人一樣那麼鄉愿。」

東德人一進小學就得加入「少年先鋒隊」(Junge Pioniere)，穿白襯衫、帶藍色船型帽、披藍色或紅色領巾接受愛國教育。到了國中的年紀，幾乎所有人都加入共黨總書記領導的組織「自由德國青年」(Freie Deutsche Jugend，簡稱FDJ)，到了高中還得上兩年軍訓課，被迫接受思想教育。一九八二年年初，共黨打算修改兵役法，對高中生實施更嚴格的軍事教育，賽羅看到新聞後非常憤怒，決定發動抗議。

共黨當局禁止人民私下印宣傳品，對言

賽羅年輕時戴著防毒面具上街，抗議工廠的空氣汙染，結果被史塔西的特務拍下。
翻攝：林育立

論的控制非常嚴格。當年才二十四歲的他和幾位志同道合的朋友靈機一動，到文具店買字母貼紙自製抗議傳單。他們先用底片相機拍下來，一口氣洗了兩千張，然後趁半夜偷偷摸摸地到電話亭和行道樹四處張貼，跟史塔西的祕密警察大玩捉迷藏。「好在沒人洩密，沒被抓走算是我運氣好，」他回憶這一幕時特別興奮：「有種當小偷的快感。」

與環境運動在臺灣從威權過渡到民主時所扮演的角色相似，東德的環保人士在一九八〇年代針對石化業造成的汙染和酸雨發動示威，衝撞既有的威權體制。無畏特務如影隨形的監控，賽羅膽子更大了，戴著防毒面具在市中心的廣場上大搖大擺地騎腳踏車，公開向不顧民眾健康的當局表達無聲抗議。正好當時西德上街反核和反戰群眾，動不動就有數十萬人，「我們這邊看了也躍躍欲試，大家都認為國家必須改變。」

● 東德唯一的自由印刷廠

基督教會是東德境內唯一不受共黨掌控的團體，正好可以為民主運動提供保護傘。東德的黨外人士吸取波蘭民主運動的成功經驗，並得到牧師默許，一九八六年在東柏林錫安教會（Zionskirche）的地下室成立「環境圖書館」。從一開始只是陳列環保、反戰、人權的資料，到後來辦演講、播放電影，和為被查禁的歌手辦演唱會，短短不到幾個月，環境圖書館就成了全國反對運動的中心。圖書館發行的地下刊物《環境通訊》（*Umweltblätter*）針砭時事，挑戰言論禁忌，作者網羅民運圈的菁英，與臺灣的黨外政論雜誌《自由時代》一樣，都是民主化前反對運動主要的發聲管道。

賽羅既是《環境通訊》的寫手，也擔任排版、印刷和裝訂的工作，教會的地下室成了名符其實的「地下印刷廠」。這些刊物到底怎麼印的？我不免好奇。「一開始，我們先用印聖歌的油印機，一次了不起印個幾十本，後來改用從西柏林走私進來的電腦和印表機，發行量才急速擴大。」局勢急轉直下的一九八九年，每期可印到兩千本，賽羅指著辦公室角落那幾臺年代久遠的油印機和點陣式印表機，自豪地說：「我們可是全東德唯一的自由印刷廠。」

《環境通訊》的作者網羅民運圈的菁英，
是東德知名的地下刊物。
©Robert-Havemann-Gesellschaft

●作票被抓加速垮臺

一九八九年五月七日，東德舉行地方選舉。此時民主的洪流已橫掃中東歐，害怕丟掉政權的東德領導人卻拒絕改革，堅持「東德特色社會主義」的道路，全國上下人心惶惶，愈來愈多東德民眾開始「用腳投票」，繞道匈牙利和奧地利的邊境逃向西方。賽羅和他的民運夥伴分頭到各個投開票所監票，確定與官方結果有落差後，將證據裝訂成小本子，偷偷爆料給西德記者。「東德共黨作票」的消息，透過西德媒體一下子傳遍全東德，為原本就已危機四伏的政局投下震撼彈。

「在東德大家都知道選舉是選假的，可是社會上有無形的壓力逼你去投票，民眾怕惹上麻煩還是會去投，也都知道政府會灌票。」你們怎麼找到作票的證據？我問。「我們雖然看不到選票，但至少能用聽的把開票結果抄下來，加總各投票所的數據，與當局聲稱的九八．八五%的得票率顯然有相當落差，這是東德史上第一次被證明作票。」談起這段陳年往事時，賽羅不時露出微笑，看來十分得意。

民運分子於是利用民眾對政局的不滿，每個月一到七日就發起遊行，無視史塔西的追捕，各地參與的民眾一次比一次多。早在東德成立不久的一九五三年，東德就爆發過百萬群眾大示威，靠著老大哥蘇聯派坦克鎮壓才得以穩住局勢。如今再度遍地烽火，蘇聯領袖戈巴契夫卻公開宣布不插手，歷史不可能重演，更讓失去靠山的東德高層疲於奔命。

賽羅做夢也沒想到，選舉舞弊曝光竟成了一九八九年東德政局的分水嶺；統治威信大受打擊的政權，垮臺的速度超乎想像。十月初的萊比錫，夜晚一場前所未見的大示威，七萬民眾上街高喊「我們是人民」和「不要暴力」的口號，在場荷槍實彈的軍警不敢開一槍，天安門事件沒有在東德重演。一個月後，每天逃往西德的東德人超過一萬人，人民力量終於衝破柏林圍牆，牢不可破的威權象徵就此瓦解。

次年三月十八日，東德舉行建國以來第一次、也是最後一次真正民主的大選，反對共黨和支持統一的勢力大勝，政黨輪替實現，從此踏向民主的不歸路。

● 民運紀錄警惕後世

一九九〇年十月三日，東西德統一，從此東德成了冷戰遺留下來的歷史名詞，也被視為是踐踏人權的獨裁國家。先鋒隊解散，軍訓課廢除，情治檔案開放，黨產歸還和歸公。政府全面清查公務員和特務機關的關係，連前國家

● ● ●

一九八九年十月，柏林圍牆倒塌的前兩週，東德的民運領袖在畫家波萊（Bärbel Bohley）的家中集會，討論國內外嚴峻的政治局勢。

©Bundesstiftung Aufarbeitung　攝影：Klaus Mehner

領導人也面臨司法審判，民主轉型後的正義，正一步步實現。

然而昔日並肩推倒威權的東德民運分子並沒有因沉浸在自由的喜悅而自滿，反而在統一後次月，就以已故民運精神導師哈福曼（Robert Havemann）為名成立協會，著手收集過去甘冒禁忌批判體制的人所留下的任何隻字片語。「歷史不能光從統治者的紀錄來看，反對者的角度也很重要，民主得來不易，有必要留給後世警惕。」賽羅如此向我描述當初的動機，哈福曼協會旗下的「東德反對運動檔案館」（Archiv der DDR-Opposition）於焉誕生。

檔案館成立的目的是保存所有反對運動的紀錄：舉凡街頭抗議的傳單、海報、旗幟和標語，民運人士的手稿、筆記、日記、錄音、偵訊筆錄和法院判決書，還有沒收財產、禁止執業、剝奪國籍等能有效證明國家機器迫害人民的文件，全是收藏的對象，「我們不時與過去的民運領袖聯繫，期待對方能割愛。」

雖是純民間的組織，檔案館與政府關係十分密切，經費大多仰賴官方推動轉型正義的機關委託的專案，「資料整理很費工夫，沒有義工和政府的幫忙，我們根本不可能運作下去。」

我尾隨賽羅走進公寓深處的走廊，側身穿過按照人名和關鍵字分類、整整齊齊堆滿文獻保存盒的鐵架。整整三個樓層，全是像這樣三公尺高的收藏架，光文字資料並排起來就將近一公里長。賽羅雙手戴起白手套，小心翼翼地從架上拿出一本小冊子，原來是他當年透過中間人轉交給西德記者的《一九八九年選舉事件》，泛黃的紙張填滿數字和表格，全是他用教會的印表機偷偷印出來的傑作。

除了文字資料，東德反對運動檔案館還收藏了上千張海報和十幾萬張照片，為了滿足網路媒體的需要，工作人員正加緊速度將底片數位化，「反對運動人士怕被特務盯上，不喜歡拍照，他們留下的照片實在不多。」檔案館每週對外開放五天，由於館藏豐富，早已是學界公認的權威資料庫。

身為成立到現在少數幾位仍堅守在崗位上的員工，賽羅對館藏如數家珍，專門負責協助學者和記者解決查找資料時遇到的疑難雜症：「正因為我們不斷地收集和編目，媒體才有足夠資料繼續報導東德政府對人權的迫害。」我到訪前不久，國際知名的運動禁藥專家、海德堡大學癌症研究中心教授法蘭克（Werner Franke），才將他畢生收藏捐給檔案館，東德大規模使用禁藥打造體育強國的黑暗過去，又再度成為德國新聞的焦點。

●改變的力量來自年輕人

東德人民從黨國體制四十年的禁錮走出，日常生活的秩序也面臨空前重組。政府不再提供租金低廉的住宅，計畫經濟下大鍋飯的日子一去不復返，職場的競爭跟過去相比殘酷又無情，一些適應不良的人因而懷念起共黨統治時的安定。多年前紅極一時的電影《再見列寧》（*Good Bye, Lenin!*）就以戲謔的手法，挖苦德東人這種「東德鄉愁」（Ostalgie）的懷舊情懷。

「有些東德人懷念獨裁，只記得過去的光明面，以為當時的社會比較安定，我們真的得做些什麼。」對賽羅這一輩曾經獻身民主運動的人來說，緬懷過去的美好不是問題，可是不能拿來當成美化獨裁的藉口，忘記安定的表象背後，有多少人付出失去自由和生命的代價。

多年來在幕後守護著民運記憶的賽羅，於是開始利用檔案館資源，靠著出版和策劃展覽的方式抵抗大眾的健忘。二〇〇五年，哈福曼協會為高中歷史課撰寫的補充教材「東德青年反對派」（www.jugendopposition.de）網站正式上線，透過生動的圖表、淺顯的文字和民運前輩的口述影片，述說東德青年人反抗獨裁的故事。

「直到一九八九年共黨統治結束前，東德都還是年輕人衝在前面，他們才是改變社會和推倒圍牆的主要力量，我們要把他們站出來反抗的動機和遭遇，說給現在的年輕人聽。」談起他一手打造的線上歷史課，賽羅有點激動：「看到不公不義，為什麼不能冷眼旁觀？為何人民主動關心公共議題，社會才會進步？德國的年輕世代物質生活優渥，

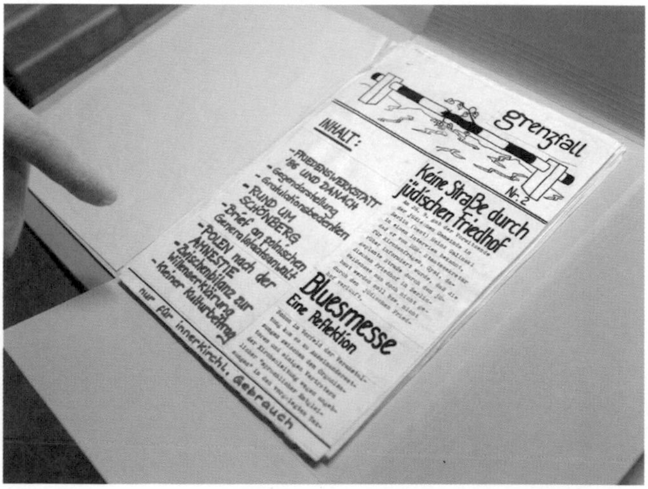

東德反對運動檔案館收藏的地下刊物《邊界倒塌》，可以看到民運分子當年剪貼製版的痕跡。
攝影：林育立

卻普遍對政治冷感，他們可以從這些東德年輕人自發抗爭的故事中得到啟發。」

● 定調和平革命

柏林市中心的行人徒步區亞歷山大廣場（Alexanderplatz），在東德時是首都東柏林的交通樞紐，更是一九八九年十一月四日全國最後一次大示威的現場。彼時早已失去統治正當性的共黨高層輪番上臺暢談改革，卻被臺下噓聲一再打斷，近百萬群眾焦灼又憤怒地呼喊下臺的口號，五天後，柏林圍牆應聲倒下。

二〇〇九年是圍牆倒塌二十週年，在官方考慮盛大紀念之際，哈福曼協會就搶先在兩年前拋出企劃案，要在歷史現場亞歷山大廣場舉辦名為「和平革命」（Friedliche Revolution）的大型露天展覽。「這年頭，誰還對這段歷史有興趣？」賽羅坦承如此大膽的

兩德統一後就一直守護著東德民運記憶的賽羅。
攝影：林育立

提案，一開始很少人看好；不過在多方奔走下，最後還是得到輿論的支持和官方的經費奧援，多年來埋首民主文物的賽羅也眾望所歸，出任「和平革命一九八九／九〇」特展的策展人。

賽羅的構想是從社會底層的經驗出發，呈現東德人民政治覺醒和命運自決的過程：「我對官方的觀點一點也沒有興趣，那些原本互不相識，然而人生的道路意外在廣場上交會，最後齊心推動歷史進程的人民，他們才是歷史真正的主角。」

賽羅漲紅著臉，一改原來平靜的語調：「我最想說的是，一九八九年發生的那些事，不單單只是轉型而已，而是革命，而且是和平革命。」

德國一般常聽到的說法是轉型，肩負著重寫民主運動記憶重任的賽羅，為何非得堅持是由群眾發動的革命？而且是和平革命？與他深談後，我才明白箇中意義。

圍牆倒塌的前三週，以改革者自居的東德共黨最後一任中央總書記克倫茲（Egon Krenz），在國內外壓力交逼下首次打破前任領導人的禁忌，

一九八九年十一月四日東柏林市中心的亞歷山大廣場，爆發東德有史以來規模最大的群眾示威，五天後柏林圍牆就倒下。
©Wikimedia Commons/Bundesarchiv

公開承認國家陷入危機，願意領導政府轉型。此後，德國人就用「轉型」（Die Wende）這個字，來描述從一九八九年五月東德政府作票被揭發、圍牆被人民推倒，到兩德統一這短短一年半間，由獨裁走向民主的過程。

可是，對賽羅這樣從反對運動一路走來的東德人來說，口口聲聲談改革的克倫茲不過是見風轉舵，民主化並非良心發現的統治者從上而下帶領的「轉型」，而是成千上萬的個人集結起來，由下而上施壓的結果。沒有能力反省和改革的共黨，懾於人民團結的力量，從頭到尾不敢開槍鎮壓，最後被民眾用非暴力的手段趕下臺。所以，東德驚濤駭浪的變天，應該定調為「和平革命」。

●革命重返廣場

在各界殷切的期盼下，首都紀念柏林圍牆倒塌二十週年的「和平革命一九八九／九〇」大展，終於在二〇〇九年五月七日、也就是二十年前民運分子揭發作票的日子風光揭幕。展覽原訂在十一月九日圍牆倒塌紀念日結束，卻因為反應熱烈，延長到次年十月三日的統一紀念日才落幕。

這次展覽展出七百多張照片，看板占去了亞歷山大廣場大半的空間，故事從民眾逃往西方的革命前奏曲開始說起，描述的雖然是東德人民擺脫壓迫的過程，卻也勾起全國人民不分東西的回憶。不論晴雨或下雪，當時住在柏林的我每次經過，都可以看到提著購物袋、遛著狗或推嬰兒車的民眾；他們或駐足瀏覽，或主動圍成小圈圈討論，神情十分專注。

特展展期前後一年半，參觀人次超過兩百萬，其中四分之一來自國外。「革命重回亞歷山大廣場」、「讓人起雞皮疙瘩的畫面」、「這段歷史不能忘」、「西德人向東德人的勇氣致謝」，媒體的迴響遠遠超過賽羅的預期。同樣出身東德的總理梅克爾，也在賽羅的導覽下到場參觀，親自在留言本上寫下「謝謝你們，讓我們理所當然活在自由的國度」，向昔日的反對運動者致敬。

在這次展覽後，「和平革命」就成了德國官方和媒體的標準用語。二〇一六年六月，賽羅備受肯定的展覽更名為「革命與圍牆倒場」(Revolution und Mauerfall)，正式在史塔西總部的戶外中庭永久陳列，臺灣的文化部長鄭麗君二〇一六年十一月訪問柏林時也曾到場參觀。

賽羅策劃的露天展覽「革命與圍牆倒場」，
二〇一六年起在史塔西總部公開陳列，德國總統高克特地前往參觀。
©Robert-Havemann-Gesellschaft/Rolf Walter

●為扳倒獨裁自豪

結束檔案館的參觀，我跟著賽羅回辦公室，忍不住偷瞄被他扔在桌上的聯邦十字勳章證書，想像他出席授勳典禮時的心情。賽羅雖是中年人，個性依然保有年輕時的純真和率性，讓我想起臺灣戒嚴時代那些默默無名的民主先驅者。

對照一些東德民運領袖在民主化後參政，一輩子享受反對運動的光環，賽羅寧願在公寓後院耐心等候人們捐贈資料。國族的記憶不是由官方也不是由學者，而是由一位推翻政府的工人來收集和主導，我心想這應該是舉世少見的例子吧。與重返革命現場規劃民運展覽、凝聚全國認同的成就感相比，難怪對他來說，總統贈勳的榮耀如此微不足道。

離去前，我們的話題自然從亞歷山大廣場，聊到北京的天安門廣場、開羅的解放廣場和基輔的獨立廣場。「看看這些國家就知道，獨裁到民主的路有多辛苦，我們沒出人命，政權就垮臺真的是很幸運。」我認識的東德人，只要參加過廣場上的那場大示威，一談起那天的種種，感激之情都溢於言表，賽羅並不是例外。

「我每次上街頭都會感到害怕，我不是天生反骨，」他說：「不過，曾經貢獻心力把獨裁扳倒，現在回想起來，還是有那麼一點點驕傲。」

2 自由與壓迫的現場：伯瑙爾街的柏林圍牆紀念園區

戈巴契夫先生，打開這扇門！戈巴契夫先生，推倒這堵牆！

——美國前總統雷根於柏林布蘭登堡門，一九八七年六月十二日

有時我感覺推倒一道牆，只是為了在另一處建新的牆，
這樣的牆可能是物質的、實際存在的，也有可能是看不見的、限制思考的牆……
到處是種族的、信仰的、不寬容的、基本教義的，和由貪婪與恐懼組成的牆，
我們真的沒有能力活在沒有牆的世界嗎？

——日本作家村上春樹，柏林《世界報》文學獎頒獎典禮，
二〇一四年柏林圍牆倒塌二十五週年紀念日前夕

柏林圍牆將西柏林團團圍住，阻止東德人民逃往「自由的孤島」，不僅是德國分裂和共黨威權統治的象徵，其冰冷醜陋的外觀，也被兩側的居民痛恨，所以全長一百五十五公里的混凝土牆一倒下就被拆個精光，彷彿從沒存在過，市區目前僅能看到零星的片段。其中綿延一公里的東岸畫廊（East Side Gallery）是最長的一段，各國藝術家以冷戰和

柏林圍牆將西柏林團團圍住，阻止東德人民逃亡，是美蘇冷戰和共黨威權統治的象徵，圖為一九七二年的伯瑙爾街。
©Bundesstiftung Aufarbeitung 攝影：Klaus Mehner

衝破鐵幕為主題，在河邊四公尺的高牆上彩繪上百幅的壁畫；查理檢查哨（Checkpoint Charlie）見證美蘇坦克對峙、世界大戰一觸即發的危機，也是觀光客到柏林時必訪的景點。

此外，柏林現在僅存的伯瑙爾街（Bernauer Straße），還能感受到當年城市被撕裂的痛苦。歷經二十年的研議和修建，「柏林圍牆紀念園區」（Gedenkstätte Berliner Mauer）在二〇一四年終於全部竣工，不論是露天的解說牌或占地兩層的展覽館，訴說的都是冷戰年代曾在這裡發生的真實事件。

●可恥的牆與通往自由的地道

一九六一年八月十三日清晨，東德當局在毫無預警的情況下，全面封鎖東柏林前往西柏林的所有道路，並在邊界上搭築圍牆和鐵絲網。原本車水馬龍的伯瑙爾街不巧就位在邊界上，東側公寓的大門和窗戶因此全被磚塊和水泥封死，居民被迫從後院進出，許多人還試圖從樓上的窗戶跳到屬於西柏林的人行道，絕望的逃生畫面一幕幕在這裡上演。

我們從柏林目前人氣最高的圍牆公園（Mauerpark）正對面，直接走入園區的東入口。在東西柏林邊界封鎖後的第十天清晨，當時五十八歲的席克曼（Ida Siekmann）從伯瑙爾街四十八號的四樓一躍而下，不幸身亡；二十二歲的學生呂斯納（Bernd Lünser）試圖從隔壁四十四號的屋頂逃往西柏林，也被東柏林警察射殺；兩人都是圍牆興建的那一年最早喪命的「圍牆犧牲者」（Maueropfer）。

在柏林圍牆存在近三十年的期間，一共有五百名東柏林人利用離西柏林最近的伯瑙上｜這張一九六七年拍攝的照片，可以清楚看到沿著伯瑙爾街興建的矮牆和高牆。
右側這座十九世紀建的紅磚教堂，位置不巧緊貼著圍牆，一九八五年被東德政府下令炸毀。
©Bundesstiftung Aufarbeitung　攝影：Klaus Mehner

下｜查理檢查哨見證美蘇對峙和世界大戰一觸即發的危機，是柏林分裂時最著名的邊界檢查哨。
© Wikimedia Commons

爾街逃亡，這兩棟公寓的門口現在都能看到刻有姓名和死亡日期的紀念牌：「獻給可恥的牆的犧牲者」；圍牆剛建好的一九六〇年代，駐紮在柏林的美蘇軍隊對峙的情勢十分緊繃，西柏林的官方當時都稱圍牆為「可恥的牆」。

沿著和圍牆平行的小徑繼續往前走，沿路都可以看到同一地點拍的老照片，甚至聽到中文的錄音解說，過兩個路口就是冷戰最著名的照片的拍攝現場：東西柏林之間的路障才築好兩天，時年十九歲的東德邊界警察舒曼（Conrad Schumann）趁同僚轉身不注意時，背著槍大膽跳過鐵絲網跑向西柏林，這「投奔自由」的一幕，正好被離他不遠的攝影師拍下，轟動全世界。

圍牆將一個城市硬生生割裂，住在兩側的居民被迫挖了約七十條地道，將住在東邊的親人和朋友接到西柏林，可惜大多數都被東德的特務攔下，只有二十幾條通往自由。其中最著名的，就是伯瑙爾街的「地道五十七」（Tunnel 57）。這條由數十名西柏林自由大學的學生，從一家廢棄麵包店的地下室花了半年時間挖出來的地道，在兩天內成功接應了五十七名東德人逃亡。

伯瑙爾街九十七號、也就是這條長一百四十五公尺的地道在西柏林的出口，現在有面銅製的紀念牌，向一九六四年這幾十位「逃亡援助者」（Fluchthelfer）致敬。不過，也因為這條地道太成功，共黨當局馬上在地下挖了一條與圍牆平行的地道，裝上監聽設備，從此伯瑙爾街這一段就再也沒有人敢挖地道了。

幽靈車站與死亡地帶

細心的參觀民眾，還可以在園區的地面上找到另外五條地道的軌跡，圖文並茂的解說牌，將逃亡的故事說得很詳盡。離開地道五十七，前方就是伯瑙爾街四號的「和解教堂」（Kapelle der Versöhnung）。

一九八〇年代，東德當局再也無法忍受這座緊貼著圍牆的紅磚教堂，乾脆把它炸

一九八六年，東德政府在東柏林的馬克思大道上閱兵，慶祝「反法西斯的防衛牆」興建二十五年，在臺上演講的是東德共黨中央總書記何內克（Erich Honecker）。
©Bundesstiftung Aufarbeitung　攝影：Klaus Mehner

毀，前幾年又在原址用黏土重建，散發著簡樸又寧靜的意象。教堂內的祭壇放的不是聖經，而是一本厚厚的本子，上頭記載了上百位圍牆犧牲者的名字，每天一到中午十二點就有人朗讀其中一位的生平，並邀請教堂內的人一起悼念。

過了教堂繼續往前走，一道七公尺高的銅鏽色鐵牆赫然矗立在眼前，此處就是德國聯邦政府和柏林市政府「回憶一九六一年八月十三日至一九八九年十一月九日這座城市的分裂」和「悼念共黨暴力統治犧牲者」紀念碑的所在地，現場經常可看到剛剛擺上去的白色蠟燭和鮮花。

從左側的入口繞到鐵牆後，前後兩道七十公尺長的矮牆和高牆，中間夾著士兵站哨和監視的高塔、鐵絲網，和幾盞徹夜通明的路燈；這塊狹長的區域，就是德國人用來描述東西柏林和東西德邊界的「死亡地帶」（Todesstreifen），也是柏林唯一還能感受到冷戰肅殺氣息的地方。

走到伯瑙爾街的最西端，就是圍牆倒後才重新開放的地鐵站北火車站（Nordbahnhof），從這裡搭車到柏林的歷史地標布蘭登堡門只要五分鐘車程。柏林不僅在地表上分裂，地下的鐵路也分成東西兩套網路；其中西柏林有三條路線經過東柏林時過站不停，乘客看到的月臺空無一人，因此在冷戰的年代有「幽靈車站」之稱。如今站內展出的是東西兩個城市殘缺不全的地鐵路網圖，和東德士兵躲在月臺的暗處，監視從西柏林來的列車緩慢通過的相片。

●史達林的草地

如果說，園區全長一．四公里的戶外展覽，講述的是伯瑙爾街殘酷又荒謬的故事、是感受高牆底下無處可逃的窒息，以及圍牆粗暴撕裂城市地景最具臨場感的所在；展覽館試圖解釋的，則是圍牆陰影下的日常生活，和美蘇二元結構的大時代背景。

推開厚重的大門，迎面的第一個展覽櫃馬上讓人毛骨悚然：上百根拇指粗的鐵針，密密麻麻地焊接在地上的鐵網上，每一根至少有十公分高，遠看以為是農夫整地用的齒耙，走近一看才知道是殺人的工具，原來東德的人民即使成功翻過高牆，也可能在縱身躍下時受重傷。

東德當局當時沿著柏林圍牆部署了三萬八千個像這樣的裝置，官方文件稱它是「平面路障」，不過西柏林人取的別名恐怕更為貼切：「史達林的草地」。

東德政府在圍牆沿線的地上鋪設的殺人工具，西柏林人稱之為「史達林的草地」。
攝影：林育立

展覽館展出的文件、照片和文物，以及銀幕上不斷重播的歷史新聞畫面，主要在回答三個問題：「圍牆為什麼興建？」「圍牆為何能豎立二十八年？」「圍牆最後為什麼會倒下？」美國總統甘迺迪、捷克的七七憲章（Charta 77）、波蘭團結工聯、蘇聯領導人戈巴契夫，全是回答這些問題的關鍵字，畢竟唯有從國際局勢才能解釋這座冷戰時期最具象徵性的建物為何能存在這麼久。

不過，整個展覽最菁華的部分是人的故事，也就是被圍牆支配和改變的人生：進出不便的伯瑙爾街居民、站哨的東柏林士兵、被拆散的情侶、分隔兩地的親人，還有挖地道、潛水和搭熱氣球逃亡的人民，我們透過當事人訪談的影片和錄音，終能體會政治對生活的滲透無所不在，人民不過是國際政治角力的犧牲品。

比方說，守衛柏林圍牆的士兵，照章行事對逃亡的人民開火，要如何面對法律和良知的衝突？這些士兵是否應該負起法律責任？統一後，德國社會曾為此而爭論不休，展覽不給標準答案，而是直接讓加害者和受害者的聲音並列。

東德共黨中央總書記的夫人瑪歌・何內克（Margot Honecker）說：「本來就有在什麼情況下應該開火的規定，沒有人下令射殺，那些人為什麼非爬牆不可呢？這麼笨，真是悲哀。」何內克有東德人民導師之稱，前後當了二十六年的教育部長。

聽完何內克的說法，緊接著就可以聽聽凱琳・蓋佛萊（Karin Gueffroy）堅定的聲音：「對準胸口按下板機，這當然是謀殺，這些士兵不是聽令行事，我認為他們必須付出代價。」她年僅二十歲的兒子，為了逃到西柏林鋌而走險，結果在圍牆邊被射殺。

蓋佛萊是兩德統一後第一位站出來控告邊境守軍謀殺的家屬，開啟接下來幾年一百多件的「圍牆射手審判」，其中一半無罪釋放，其他人大多得到緩刑，不過也有幾位共黨高層必須負起刑責，坐了幾年牢才獲得釋放。

●堅持就可推倒高牆

各國的觀光客來柏林最想看的就是柏林圍牆，紀念園區完工後，柏林終於有一處可以同時認識、感受和追憶圍牆的場所，每年吸引的訪客高達一百萬人，其中四成來自國外。表面看起來牢不可破的高牆，最終還是被人民的意志推倒，違背人性的政權不可能永遠維持，這是柏林圍牆帶給世人最重要的啟示。

二〇一四年十月、也就是圍牆倒塌二十五週年紀念日前夕，美國國務卿凱瑞（John Kerry）特地來伯瑙爾街走一趟，追憶少年時光，原來曾隨外交官父親住在柏林的他，當

柏林圍牆紀念園區是體驗柏林分裂和美蘇冷戰最具臨場感的所在，每年平均吸引一百萬的訪客。
攝影：林育立

年曾騎著單車遊東柏林。

在凱瑞的記憶裡，當時圍牆的兩側分別象徵「自由與壓迫」，他參觀後還意有所指地說，這個園區能提醒世人「還有許多地方為自由而奮鬥」，讓在場記者聯想到被俄國入侵的烏克蘭和香港的雨傘運動。

一個月後的十一月九日，也就是圍牆倒下二十五週年，是德國慶祝和平革命一系列活動的高潮，總理梅克爾特地選在這一天到紀念碑獻花，還與前東德民運人士一起在和解教堂悼念圍牆犧牲者。

在典禮上致詞時，梅克爾特別藉著圍牆倒下的故事，鼓勵世界上仍受獨裁和武力威脅的國家和人民，即使一時挫敗也不要輕易放棄希望，應該要堅持下去找機會再集結起來：「連這麼高的障礙都克服得了，可見天下沒有什麼事是非得維持現狀不可。」

改變歷史的記者會：「（每個人都能離境的規定）何時生效？馬上嗎？」記者追問，東德共黨政治局委員夏波斯基（Günter Schabowski，臺上右二）回答：「據我所知……馬上，毫不拖延」，當晚柏林圍牆就倒塌了。

3 打開傷口是爲了復原：專訪德國史塔西檔案局局長

同志們，我們什麼都要知道！

——梅爾克（Erich Mielke），東德國家安全部部長（一九五七至一九八九年）

陽光是最好的防腐劑。

——布蘭德斯（Louis Brandeis），美國聯邦最高法院大法官，一九一三年

威權體制下，人可以為了名利出賣家人和朋友，檢調為了升官「把無罪辦到有罪」。威權轉型成民主後，這段不堪的過去該如何面對？統一後的德國在轉型正義的實踐，之所以被國際社會視為值得參考的典範，相當程度要歸功於東德情治檔案的開放和利用。

在這個人類歷史上前所未有的民主和價值的重建工程中，由國會立法成立的獨立機關史塔西檔案局，在過去二十多年來一直扮演著主導的角色。

● 黨的盾與劍

史塔西（Stasi）是東德國家安全部（Ministerium für Staatssicherheit）的簡稱，主要任務是政治偵防和打擊反對勢力，相當於臺灣戒嚴時期的警備總部和調查局等情治單位。在威權統治的東德，史塔西直接聽命於共黨高層，自封為「黨的盾與劍」，組織嚴明有如軍隊，肆意拘捕異議人士，公認是冷戰時期最有效率的情治單位。全國各地的公務機關、學校、醫院、教會、企業、運動團體和社區鄰里，到處都潛伏著史塔西的線人。

「公司」是東德人對史塔西的暱稱，開政府玩笑或散步時太靠近西柏林邊界，都有可能被史塔西逮捕，社會大眾敢怒不敢言，被共黨逐出東德的知名歌手畢爾曼就說過：「史塔西的權力有超過一半來自人民對這間公司的恐懼。」

情治單位刺探得來的情報和內部公文，

東德國家安全部在東柏林的總部，在共產統治時代是戒備森嚴的禁區。
©BStU/Griebe

其他國家在民主轉型後不是被銷毀，就是見不得人般深鎖在不見天日的角落，為何史塔西檔案能留到今天？這得從東德和平革命的故事說起。

●占領情治機關

一九八九年，柏林圍牆倒塌前夕，東德國內情勢風聲鶴唳。史塔西為了打擊高漲的民主運動，在全國撒下天羅地網，為史塔西工作的「正式員工」有九萬人，間接為它服務的「非正式員工」（Inoffizieller Mitarbeiter，簡稱IM）、也就是抓耙仔，高達十九萬人，從情治人員占人口的比例來看，史塔西是全世界布線最密集、監控人民最嚴厲的情治單位。

因此，當十一月九日圍牆一倒，共黨領導班子手忙腳亂之際，這個令

●●●

畢爾曼是東德著名的民歌手，喜歡在歌詞中挖苦當局，一九七六年在西德的一場演唱會後被共黨政府剝奪國籍。梅克爾與她的夫婿邵爾都是畢爾曼的歌迷，二〇一六年年底兩人一同出席他慶祝八十大壽的生日演唱會，邵爾在臺上致詞時還特地稱讚畢爾曼為人的「誠實與正直」。

　攝影：Klaus Mehner

人民飽受監控之苦的神祕機關，馬上就成為群眾洩恨的目標。十二月初，全國各地陸續傳出史塔西分部被占領的消息。次年一月十五日傍晚，數以千計的民眾呼嘯衝進原本為軍事禁區的史塔西總部，搗毀辦公室和阻止特務銷毀檔案，為和平革命掀起另一波高潮。

工程師邁爾（Heinz Meier）是最早衝進史塔西總部的東柏林市民之一。幾年前，他在史塔西檔案局主辦的「占領週年」紀念活動，回憶往事時意氣風發，令我印象深刻。

「圍牆倒後那幾週，很多人看到史塔西日日夜夜在冒黑煙，知道特務正忙著銷毀檔案，所以大家衝進去的第一個念頭，就是要把獨裁的證據保留下來。」當時，國安部有個房間微微透出火光，隱約看到有人把滅火器往窗外丟，「大夥群情激昂，一湧而上，正好逮到一位湮滅文件的特工。」

當晚，邁爾就和其他民眾組織市民委員會，象徵性接管國安部，強迫專制鷹犬解散，為史塔西近四十年的歷史劃上休止符。邁爾本人還被推選為召集人，負責看管檔案：「第一次走進檔案庫，我不敢相信眼前的景象，沒想到規模這麼大。」

● 我的案底屬於我

史塔西是東歐共產國家第一個被迫關閉的情治單位，不僅特務全被免職，經年累積的情治檔案也有機會攤在陽光下，這是歷史上少見的際遇；但這些檔案是否應該開放，在東西德統一前卻是眾說紛紜。

包括總理柯爾在內的許多西德政治領袖認為，史塔西檔案的內容太具爆炸性，輕率開放的話，尋仇報復將難以避免，造成社會動盪，主張「向前看、不要向後看」，將檔案加密三十年存放在聯邦檔案館。民主大選後上臺的東德政府也持相同立場。部分西德政要深恐史塔西的觸角滲透西德全國，不願看到自己從政的內幕或私生活曝光，甚至主張史塔西檔案應該全部銷毀。

至於東德的民運人士，一開始先是舉棋不定，不過隨著媒體陸續流出的檔案證實，平日相濡以沫的同志原來是史塔西臥底的線民，剛當選的新科議員也有多位為「公司」服務過；史上第一次全國人民普選產生的國會竟被共黨爪牙滲透，開放檔案讓真相水落石出的呼聲開始占上風。東德人權領袖坦普林（Wolfgang Templin）就說：「沒有什麼比把過去像一件舊夾克般扔掉，對接下來的民主化更危險。」

一九九〇年九月初，距兩德統一僅剩下一個月的某天下午，約三十名年輕的民運人

柏林圍牆倒後的兩個月，數以千計的民眾闖進史塔西總部，為和平革命掀起另一波高潮。

©Robert-Havemann-Gesellschaft

士趁警衛不注意，突然衝進史塔西總部，把自己反鎖在儲藏室，高調表達「我的案底屬於我」的訴求，反對政府將檔案加密，當晚就有數百位民眾趕到現場聲援。

眼看著政府依舊沒有任何回應，一週後，占領者開始用絕食的方式向當局施壓。接下來半個月，警方多次清場失敗，國內外媒體又排山倒海地報導，兩德政府迫於壓力，只好在統一前的最後一週，將立法允許民眾調閱檔案的原則，以附注的方式臨時加進幾個月前就簽妥的《統一條約》（*Vertrag zwischen der Bundesrepublik Deutschland und der Deutschen Demokratischen Republik über die Herstellung der Einheit Deutschlands*）。繼推倒圍牆後，東德人民從底層發動的和平革命，再一次寫下驚嘆號。

兩德統一後的第二年，德國國會如期通過《史塔西檔案法》（*Stasi-Unterlagen-Gesetz*），規範檔案使用和調閱方式。依法成立的史塔西檔案局（全名：聯邦政府委託管理前德意志民主共和國國安檔案局），運作至今逾二十五年，申請調閱過自己案底的民眾超過三百萬人。

●黑名單記者

二〇一四年柏林圍牆倒塌二十五週年前夕，我在德國聯邦新聞局的安排下，與各國記者拜訪這個舉世聞名的機關，由局長楊恩（Roland Jahn）親自接待。

身為聯邦政府的特任官，楊恩獨立行使職權，不受上級指揮，檔案局員工一千六百人，每年預算為臺幣三十六億元；他面對記者也有話直說，對自己勝任這個職位自信滿滿：「政府看重我的資歷才提名我，知道我有能力和經驗處理歷史遺留的問題，對外代表檔案局有一定說服力。」

楊恩出身東德，讀大學時就是對當局不滿的異議人士，因為抗議新聞檢查被學校以「對馬克思主義認識不夠深」為由退學，只好到工廠當搬運工人。沒多久，好友被史塔西偵訊後無故死亡，對他造成很大的打擊。他多次策劃示威，反對東德大肆擴軍，有多次坐牢的紀錄。

一九八三年出獄後，時年三十歲的楊恩依然不願在壓迫下屈就自己，繼續上街示威，史塔西乾脆用鐵鍊綁住他的雙手，關在駛往西德的火車車廂將他驅逐出境。柏林圍牆倒下前，除了一次偷偷闖關成功，楊恩一直是個有家歸不得的黑名單人士。「見不到家人，帶給我很大的痛苦，」他無奈地說：「圍牆是什麼？就是不讓裡面的人出去，也不讓像我這樣的人進來。」

楊恩被共黨當局驅逐出境後就在西柏林的電視臺工作，專門報導東德的局勢和民運動態。
翻攝：林育立

後來搬到西柏林的他，依舊不改其志，與東德的民運同志裡應外合，走私金錢、禁書、印表機，和當時才剛上市的手持攝影機等「違禁品」給他們，並為西柏林的公共電視臺「自由柏林之聲」（Sender Freies Berlin）工作，報導東德局勢和民運動態。由於東德全境幾乎都可以收到西德的電視和廣播，楊恩的報導讓東德人民得以跨過新聞封鎖的高牆，看到國內工業汙染、動亂四起和民眾攜家帶眷逃往西方的真實情況，對和平革命有推波助瀾的效果。

兩德統一後，楊恩仍然是德國最關心轉型正義的記者，策劃過好幾部深度報導和紀錄片，探討德國如何釐清東德的威權歷史。工作之餘，他也熱心參與東德反對運動檔案館的籌建，並長年擔任柏林圍牆紀念園區的諮詢委員。

●民主實踐的象徵

史塔西檔案局的第一任局長是牧師高克（Joachim Gauck）。早在共黨高壓統治的時代，他就利用布道的機會散播民主理念，兩德統一當天就被政府任命為全權特使。開放情治檔案給全民調閱，各國毫無先例可循，本身就是大膽的民主實驗，生性樂觀的高克在十年局長任內展現堅定的意志，成功說服大眾情治檔案開放的必要性。史塔西檔案局有今天崇高的地位，主要是他的功勞，這也是為何有些德國人到現在還稱史塔西檔案局是「高克局」。

在民間素孚眾望的他，二〇一二年還獲朝野政黨力挺出任虛位的聯邦總統，以崇高的國家元首身分，在國內外繼續宣揚自由和法治的可貴，公認是全國最受歡迎的政治人物。

第二任局長瑪麗安娜·畢特納（Marianne Birthler）也是備受敬重的東德人權運動者和意見領袖，和高克一樣曾是威權統治者的眼中釘，她也一樣在位十年，兩位前後任局長從無到有，為檔案局的運作打下基礎。

只有昔日的民運領袖，才有資格管理情治檔案嗎？有記者問。

「當然不能這樣說，」不過楊恩認為，史塔西檔案局能存在到今天，本身就是民主實踐的象徵，局長因此有一定的道德權威性。有議員在投票選他前就說：「由當年的政治犯來主持這個機關，對曾被史塔西迫害的民眾和國際社會來說，都有一定的象徵意義。」

二〇一六年六月，楊恩任滿五年後，

楊恩在二〇一六年六月再度獲朝野支持，連任史塔西檔案局的局長，任期五年。
攝影：林育立

再度得到朝野支持，以近九成的高票連任，任期一樣是五年，可見史塔西檔案局受重視的程度和楊恩的聲望。

●兼顧知情和隱私權

史塔西透過綿密的線民布線，掌握全國人民的一舉一動。儘管圍牆倒下後，特務匆忙銷毀許多文件，威權統治四十年累積的情治檔案規模還是很可觀：光索引卡片就有四千一百萬張，文件排起來有一百一十一公里長，加上數以百萬計的影像和聲音檔案，全部存放在東柏林的總部和遍布東德的十二處分部，堪稱是獨裁統治的全紀錄。

鑑於過去沒有國家成立過類似的常設機構，開放全民查閱情治單位為自己留的案底，《史塔西檔案法》對檔案調閱的規定非常嚴謹。「史塔西刺探情報，踐踏人權，我們不能蕭規曹隨，」楊恩說：「我們的做法是兼顧知情權和隱私權。」

在知情權部分，任何人都可以向檔案局提出申請，但只能調閱跟自己有關的案底。申請者在遞件後會收到流水號，最慢半年內就會接到通知，知道檔案局有沒有留自己的案底。如果有的話，工作人員就會分頭去找，最快幾個月、最遲等兩年，文件就能全部整理出來。當事人必須親自到檔案局或旗下的十二個分支機構抄寫，現場可以影印，但不能把正本帶回家，除此之外毋須負擔任何費用。

「曾被史塔西刺探過的人都是受害者，我們這個機關最主要的任務，就是為他們服務。」楊恩表示。

關於隱私權的保障，檔案局也有特殊規定。由於情治檔案上通常不只有當事人，親人、朋友和同事的名字也會同時出現，因此任何檔案只要出現第三人的名字就會被塗黑。不過，曾受雇於史塔西的特工，或打小報告的線民，檔案局對他們的姓名和化名都不做任何處理；也就是說，受害者在查閱自己的案底時，這些加害者的名字自然就會曝光。如果想知道化名某某的告密者是誰，受害者還可另外申請「化名解密」。

楊恩指出，威權體制的運作相當程度是靠「辦公桌上的加害者」，在史塔西工作的每個人都有責任。「被刺探的人，有權知道是誰刺探他，」他說：「不義就是不義，我自己就從不忌諱把加害者的名字說出來，名字曝光，加害者才會面對自己的責任，真相也才有可能釐清。」

史塔西檔案還有另一項重要功能，就是做為政治受難者司法除罪和賠償的依據。共

史塔西檔案局收藏的文件，全部排起來有一百一十一公里長，堪稱是獨裁統治的全紀錄。
攝影：林育立

黨時代坐過牢的政治犯約有二十萬人，目前除罪工作已大致完成，坐牢超過一定天數的人，依法還可以得到比較多的退休年金，無論是民眾除罪或賠償的需要，調閱申請都會優先處理。

● 清查公務員建立政府公信力

在威權體制的深層結構，公務員與情治單位難免有一定的連動，有時還身兼警察國家的打手，因此史塔西檔案局當初成立的另一目的，就是在國家從威權轉型成民主的第一時間，全面追查前東德公務員和史塔西的關係。

《史塔西檔案法》規定，各機關主管得向檔案局提出詢問，釐清旗下員工在東德時代與史塔西的關係，對象包括司法人員、軍官、公務員、議員、公法人董事和選務人員等。如果檔案局發現某人確實是線民，例如曾私底下向史塔西報告同事的舉止和行蹤，或擔任監視同學的職業學生，就會出具報告和檔案影本，說明他與史塔西合作的時間長短、方式，以及當年被吸收為線民的背景，供各單位主管參考。

曾經為史塔西工作，並不會因此而自動喪失擔任公職或參政的權利，但過去二十多年來，仍有上萬人因當過史塔西的線民而被革職或調職，判斷的標準到底在那裡？

「我們只負責出具報告和檔案，至於是否繼續任用，由主管自行裁量，我們不做任何建議。」主管根據當事人說法和檔案局報告，研判當年打小報告的人究竟是出自政治信仰而忠黨愛國，想升官、貪求名利、怕丟掉工作而迎合上意，還是因為把柄落在特務手中，逼不得已才出賣同事和朋友？如果當事人一開始就坦誠以告，主管也可能認定情節輕微而留任這些員工。

「即使是線民也有自願與被迫和程度輕重的差別，主管要看過檔案才能判斷。」不過，一般來說，隱瞞過去與史塔西關係的公務人員，一旦被發現就不適合再擔任公職，對此楊恩的解釋是：「公務機關為人民服務，前提是要得到人民的信賴，人民不信任的人當官，政府的公信力將無從建立。」

●研究最透徹的情治機關

情治機關是威權體制下權力最大、也最敏感的部門，內部往來的公文和內參報告，鉅細靡遺地記錄當權者決策的經過，對有意還原真相的學者和記者來說是一大寶庫。一九九〇年代史塔西檔案剛解禁的時候，整個德國歷史學界最熱門的研究主題就是史塔西；如今相關書籍汗牛充棟，東歐前共產國家的情治機關當中，研究最透徹的還是史塔西。

楊恩解釋，研究者和媒體記者主要是透過史塔西檔案來瞭解當局的決策模式，例如是誰下令監聽？選舉如何作票？線人的報告如何彙整和呈報？進而掌握整個獨裁體制的運作方式。不過，基於保護第三者隱私的前提，《史塔西檔案法》對學者和記者調閱檔案有嚴格的限制，除了少數例外情況，當事人沒有同意誰也不能翻他的案底，與研究主題不相干的檔案也不能調閱。

有記者問，傳聞說，出身東德的總理梅克爾，在還沒從政前是史塔西的線民，梅克爾本人也曾爆料史塔西曾試圖吸收她但沒有成功，對此媒體該如何求證？楊恩回應，梅克爾的確來過檔案局看自己的案底，「但除非她本人同意公開，不然任何人都無權過問，這是她的私事。」不過，楊恩補充說：「檔案都開放這麼多年了，這麼知名的公眾人物如果曾是線民的話，大家應該早就知道了。」

● 監聽譯文全都露

「將東德國安部的組織、刺探的手法和運作方式告訴大眾，協助社會釐清共黨獨裁歷史」，原本就是檔案局的法定任務之一，因此成立之初就設有研究單位，專門負責解讀檔案，至今已出版上百本專書，而且所有的出版品幾乎都可免費索取，或在網站上直接下載。

以二〇一四年柏林圍牆倒塌二十五週年為例，檔案局從年初開始就出版專書，從史塔西的角度還原和平革命的經過。《全國一片沸騰……》（*Überall kocht und brodelt es...*）一書記錄的是環繞著萊比錫尼可萊教堂和德勒斯登市中心的示威活動，內容多半是印上「高度機密」的公文和文件，包括鎮壓遊行的任務分組、偷看民眾郵件後彙整的報告、示威現場的蒐證照片，以及寫在便條紙上的線人報告，可見東德「維穩」工作之細膩。書中除了特務的姓名和線人的化名，只要有第三人的名字出現就會塗黑。

其他像是史塔西慣用語字典、情治檔案常見縮寫的索引和解釋，和以各部門的組織和運作為主題的二十八冊《國安部解剖學》（*Anatomie der Staatssicherheit*），特別適合做為研究者的參考資料。例如《M部門手冊》（*Abteilung M*），探討的是東德的郵政檢查，這是史塔西內層級最高的單位，當時全國十五個郵件處理中心都有史塔西的辦公室，雇用兩千多人來拆信和讀信，書中對於如何用蒸氣來融化信封膠、看完信後影印、再小心放回去的過程描寫得很詳細。

另一本同樣在二〇一四年問世的新書《長話短說！》（*Fasse Dich kurz!*）更是威權研究的突破。檔案局研究部門的主管柯瓦爾楚克（Ilko-Sascha Kowalczuk）在獲當事人同意後，首度發表史塔西監聽民運人士的電話譯文，並與其他檔案交互對照，分析譯文在威權體制下如何被當成檢調辦案的依據：「在美國國家安全局爆發監聽醜聞的此刻，東德這段歷史有助於瞭解情治單位如何監聽和濫用監聽。」

史塔西的工作人員正在用蒸汽融化信封上的膠水，偷拆人民的信件。
翻攝：林育立

民主國家一樣有情治單位，任務也一樣是竭盡一切手段獲得情報，但楊恩認為兩者存在的目的南轅北轍：「獨裁國家的祕密警察是用侵害人權的手段來維繫黨國統治，反之，民主國家的情治單位是人權的守護者。」

因此他認為，如何建立一套監督的機制，讓情治人員知道什麼能做、什麼不能做，確保情報不被當權者濫用，對民主國家來說是很大的挑戰：「多瞭解過往的威權體制如何監聽，能幫助我們思考情治單位在今日的角色，這正是我們出版這本監聽譯文的用意。」

●真相能促成和解

不過，在臺灣和東歐國家另一種常見的情況是，雖然體制已經從威權轉型為民主，每到選前還是有人指控政敵是過去的「抓耙仔」，被指控的人也急忙撇清，社會上充滿對立和不信任感，楊恩認為，這可能與這些國家沒有真誠面對威權遺緒有關。

德國史塔西檔案局經常與東歐、非洲、亞洲和南美洲的新興民主國家分享檔案開放的經驗，楊恩特別舉波蘭為例指出，在共黨的情治檔案還沒解禁前，社會上到處是流言和陰謀論，許多指控從來沒清楚交代過，直到幾年前檔案解禁，扎實的學術研究出版後，大眾才慢慢把謠言和真相分清楚。

他認為，情治檔案如果繼續由少數人把持，或像一些國家一樣分散四處，就容易被拿來做為打壓異己的工具，「只有開放檔案，讓真相大白，社會才不會被過去的仇恨所困，」他說：「弄清楚過去，往往就能解決現在的衝突。」

為加害者和受害者搭橋，協助加害者走出來面對社會，一直是楊恩的期望，因此檔案局在幾年前資助拍攝了紀錄片《接觸敵人》（*Feindberührung*）。一名東德的大學生因為在課堂上提出太多尖銳的問題被學校退學，他將內心的想法轉向同年紀的好友傾吐，沒想到好友竟向史塔西告密，害他坐了五年多的牢。

在片中，三十年不見的兩人在導演的安排下第一次見面，白髮蒼蒼坐在一張長桌上，戴上老花眼鏡一起翻閱史塔西檔案。雖然雙方的觀點和立場互異，在討論和回憶的過程中仍努力去理解對方，之後還一起到史塔西的監獄參觀。導演說，這是一個有關「友誼與背叛、希望與失望、責任與原諒」的故事。

也有少數昔日的特務打破沉默，在檔

史塔西檔案局收藏的公文和檔案是學者和記者研究的寶庫，不過在調閱前必須先申請。
©BStU/Griebe

案局主辦的講座上擔任與談人，前史塔西軍官羅思（Bernd Roth）就是一個例子。

二〇一一年，羅思寫了一本書名為《一名史塔西加害者的報告》（*Berichte eines Stast-Täters*），詳細描述自己從中學時代就被吸收為「非正式員工」，到後來成為史塔西幹員，參與逮捕反政府人士的經過。他與楊恩不時同臺分享自己的過去，還經營臉書粉絲頁，分享轉型正義相關的新聞：「我不是要你們接受我，只是希望每個人都把自己的故事說出來，促進彼此的瞭解。」

楊恩認為，是否和解、以及什麼時候和解，受害者才有資格決定，但加害者能用行動來促進和解：「我自己在講座活動就經歷過，臺下那些當過政治犯的人，聽到臺上的前史塔西軍官公開承認自己踐踏人權，請求在場的人寬恕時，大多不吝給他掌聲，那真是感人的一刻。」

● 獨裁真的過去了

「檔案沒解禁，這種事就不可能發生，」楊恩強調：「我們檔案局的責任不是為受害者尋仇，也不是清算加害者，而是在真相和責任釐清後，開啟對話與和解的可能。」

楊恩本人就和當年把他驅逐出境的史塔西軍官見過面，「他當面向我解釋事情的來龍去脈，對自己的所作作為表示懺悔，我們兩人後來都有如釋重負的感覺。」他從這次經驗中學到，只要雙方都夠坦誠，還是有和解的可能。

不過，真相有時也讓人心痛。楊恩調閱案底時才發現大學老師的舉報是他被退學的關鍵，「更令我感到失望和震驚的，是坐牢時給予我很大慰藉的律師，原來是史塔西派來的線人。」

儘管真相如此不堪，楊恩還是認為，任何人都不該輕易放棄調閱自己案底的權利。在檔案剛開放的前兩、三年，申請調閱檔案的就有一百多萬人，可見釐清自己的過去是人性的基本需求，「史塔西曾經奪走我對人生的決定權，翻開自己的案底，可以幫我把被偷走的人生找回來，從此我再也不用活在欺騙當中。」

「我沒有認識任何人在看過自己的案底後後悔的，德國也不曾發生因為檔案公布而挾怨報復的例子，」楊恩的心得是：「有人說不要撕裂傷口，可是有的時候，傷口就是要打開才能復原。」

史塔西檔案局的檔案庫規模驚人，雖然要事先登記才能一探究竟，每天來

萊比錫的史塔西分部在統一後改建成博物館，現在牆上仍掛著當年特務監視民眾的照片。
攝影：林育立

參觀的國內外團體還是絡繹不絕。中庭的「革命與圍牆倒塌」常設展有六百多張老照片，是柏林針對東德變天過程最詳細的展覽。緊鄰檔案局的史塔西博物館（Stasimuseum），直到今天仍由當年占領史塔西的民運人士經營，展品包括特務用來監聽和開信的器材，其中情報頭子梅爾克的辦公室陳設，從一九六一年到現在就沒有動過，成了柏林熱門的觀光景點，每年造訪的人數高達十萬。

隨著原史塔西軍官餐廳改建的遊客資訊中心和圖書館，可望在二〇一九年柏林圍牆倒塌三十週年前夕完成，楊恩將這個嚴酷的威權歷史現場建設成「討論獨裁、民主、人權」的「民主校園」（Campus der Demokratie）願景，正一步步實現。

「身為記者，我一輩子都在學新的東西，本來就不太容易大驚小怪，可是出任局長這些年，我還是不時感到詫異，」楊恩感慨：「情治檔案是背叛、告密和投機最直接的證據，當你知道人性有這麼多陰暗面，可以扭曲到這種地步，連最親的人都可以出賣時，還是不免感到沮喪。」

不過，「我每天來上班，還是多少有鬆一口氣的感覺，因為獨裁真的過去了，」楊恩肯定地說：「獨裁是可以克服的，現在終於可以大聲說我們知道真相了。」

4 撕碎也要討回真相：德國如何復原情治檔案

「請大家穿上外套，跟緊一點，這裡就像迷宮一樣，很容易走丟。」德國史塔西檔案局檢索部門的負責人包曼（Günter Baumann），帶著我們這群外國記者走進庫房深處，停在一個排滿檔案夾的書架和放在地上的紙袋前面，彎腰從紙袋裡抽出一張碎紙拿在手上說：「我們都很想知道，這裡頭寫了什麼？」

包曼的疑問正是備受各國矚目的東德情治檔案復原計畫，也是我們此行參觀的目的。

●絕望的手撕

史塔西是東德最重要的情治單位，主要任務是考核民眾的忠誠和思想，功能像是臺灣戒嚴時期的「人二室」，全國數百萬人的案底，就藏在東柏林總部和各分部的檔案庫內。

一九八九年柏林圍牆倒下，共黨政權岌岌可危，史塔西的特務擔心迫害人民的證據曝光，不是先將檔案燒毀，就是泡水後再用機器磨成細粉，或是用碎紙機銷毀；最後時間來不及了，就直接徒手用撕的，裝進大紙袋打算送去焚毀。

德國在統一後花了十幾年的時間，用人力拼圖的方式還原了一百五十萬張東德的情治檔案。
©BStU/Klütsch

可是不到兩個月，檔案才銷毀一部分，各地的史塔西分部就被民眾占領，國家機器迫害人民的證據得以保存下來：除了全部排起來超過一百公里長的文件，還有一萬六千個裝滿碎紙的大紙袋。

包曼身後就是在特務辦公室找到的檔案夾，其中包括高層下令銷毀檔案的指示，他說：「看看這些紙片上的撕痕，不難想像這些特務在用手撕的時候，有多絕望。」

●手工拼湊還原真相

德國在統一後實踐轉型正義的第一步，就是成立國家級的史塔西檔案局，整理分散在四處的情治檔案，以回應東德民眾開放檔案的訴求。一九九〇年代，檔案局一度雇用三千多人整理和編目，歷經二十多年努力，大約九五%的檔案已歸建完成，並以聯邦檔案館的最高規格存放在全年恆溫恆溼的庫房。檔案局還將碎紙袋一一打開，打算用人工拼湊的方式還原歷史真相。

「到底什麼樣的卷宗會被優先撕掉？為什麼非銷毀不可？這背後一定有什麼祕密，」從一九九二年檔案局成立就在這裡工作的包曼說：「我們一開始只是想嘗試看看，沒想到徒手拼出來的文件，竟成功揭發了一位天主教神職人員和一位作家的線民身分，讓我們信心大增。」

不過，撕碎的紙細小繁多，用人力拼圖曠日費時，「我們努力了十多年，雖然已經打開五百多個袋子，還原了一百五十萬張案卷，可是速度還是太慢，恐怕要好幾個世紀才做得完，所以決定向佛朗霍夫（Fraunhofer）的電腦專家求救。」

●電腦拼圖加快速度

佛朗霍夫是德國規模最大的應用科學研究機構，旗下的研究人員曾研發出MP3聲音檔案格式和LED燈泡等造福全人類的技術。檔案局與佛朗霍夫的專家經過幾次試驗，確定可行後，德國國會在二〇〇七年同意撥款臺幣兩億元，贊助這項破天荒的計畫，加快檔案復原的速度。

「佛朗霍夫研發出來的軟體，能將電腦掃描後的碎紙自動歸類，拼成可以解讀的文件檔，」包曼解釋：「這項技術聽起來很容易，可是實際操作起來卻很複雜，電腦得判讀出每一張紙片的紙質、顏色、紋路、字跡和撕的形狀，才有可能去歸納，我們已經運用這個方法，還原了兩萬

柏林圍牆倒塌後，東德的特務匆忙將檔案撕碎，
現在全放在史塔西檔案局的庫房的一萬六千個大紙袋。
©BStU

多張被撕毀的卷宗。」

這個已開發完成的技術，由於應用的範圍很廣，引起各國圖書館界和考古學界的高度興趣。我們記者聽了他的說明後也驚嘆不已，世界上大概沒有哪個國家像德國一樣，願意花這麼多人力和物力去碎紙堆中找尋真相吧，難怪英國ＢＢＣ的記者聽了也肅然起敬，說德國復原東德情治檔案的計畫是「全世界最大的拼圖」。

● 主題歸類滿足研究需要

除了用人工和電腦拼湊碎紙，檔案局還有什麼更積極性的做法？東德從地圖上消失都超過四分之一世紀了，還有人對當年情治機關的檔案有興趣嗎？

「我們目前的主要工作，是將檔案做主題式的歸納。」包曼認為，史塔西檔案局就像圖書館，必須盡力滿足讀者的檢索

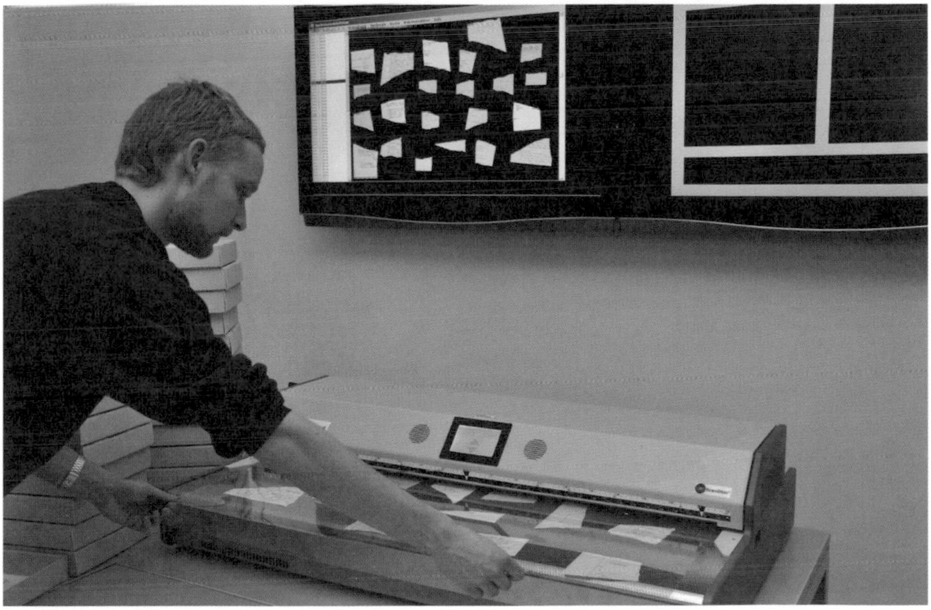

史塔西檔案局委託研究人員研發出特殊軟體，能在電腦上將掃描過的檔案碎紙自動歸類。
©BStU

需要：「比方說，如果有人問一九六〇年代東德體育界最大的禁藥醜聞是什麼？我們應該馬上就能拿出一個整理好的檔案夾。」

像這樣的檔案整理目前已經有初步成果，在二〇一五年上線的網路影音平臺「史塔西影音資料庫」（www.stasi-mediathek.de）上，任何人都可從「車諾比核災」、「史塔西在西方」、「兩德邊界與柏林圍牆」等欄目看到相關檔案，一窺東德情治人員在冷戰時代四處收集到的情報，從情治機關的角度來解讀歷史事件。

包曼相信，史塔西檔案能促進世人對獨裁政治的理解，因此歡迎各國學者和記者多加利用，向檔案局申請查閱檔案。「德國的史塔西檔案是全世界最早開放、也是開放得最完整的政治檔案，本身不僅是珍貴史料，也能幫助我們理解身處的時代。你想知道俄羅斯和中國的特務現在用什麼

史塔西檔案局的主管包曼，手上拿著被特務撕碎的情治檔案，他身後的架子上放的是在特務的辦公室發現的資料夾。
攝影：林育立

方法對付反對分子？來這邊看一看就一目瞭然。」

檔案開放至今二十多年，已經有超過三百萬人向檔案局申請調閱自己的案底，二〇一六年也還有將近五萬人；但隨著當事人日漸凋零，即使幾年前修法開放孩子和孫子等直系親屬調閱檔案，申請人數仍逐年減少。根據國會專家小組的建議，史塔西檔案局將在二〇二一年前併入聯邦檔案館，不再以獨立機關的形式存在，不過民眾調閱自己的案底，以及學者和記者查閱的權利仍不受限制。

「你們有去過東德旅行嗎？在冷戰的年代，所有外國記者都是史塔西監控的對象，這裡搞不好有你們的個人案底可以調閱。」聽包曼這麼說，我想起常去中國採訪的記者同業，跟我說過的一些不愉快的故事。

「不過，外國人的案底最敏感，可能是最早被撕毀的那一批，」包曼半開玩笑地說：「如果用一個袋子裝三萬張紙片來算的話，這邊一共有五億張被撕碎的卷宗等著拼湊，可是我們現在的進度還不到總數的三％，也就是說，你們恐怕還得等上好幾年。」

5 清查黨產：建立機會均等的政黨政治

您得知道，眼前這座冰山我們只能看到一小部分，另外一大部分我們看不到。
——主導「奧許維茲審判」的法蘭克福檢察總長鮑爾（Fritz Bauer），一九六四年

這個前身是東德共黨的黨自稱是現代和民主的政黨，
可是絕口不提民主的前提是機會均等的多黨制，
對四十年威權統治累積的龐大財產也保持沉默。
——獨立清查委員會主席馮漢摩爾史坦（Christian von Hammerstein），
《明鏡》週刊專訪，二〇〇一年

二〇一四年十二月五日，是德國近代史上重要的一天，核心幹部與東德共黨一脈相承的左翼黨（Die Linke）在東部圖林根邦（Thüringen）的選舉，拿下邦總理的大位，在柏林圍牆倒塌的四分之一世紀後再度握有政治實權。

原名德國統一社會黨（SED）的東德共黨歷經多次改頭換面，如今在德國政壇是具有相當民意基礎的民主政黨。從東德轉型的經驗來看，昔日的威權政黨卸下歷史遺留的黨

產包袱，是能否繼續在政壇上立足的關鍵。

●反對黨過半立法討黨產

曾經不可一世的東德共黨，在柏林圍牆倒下就大勢已去，被迫開放黨禁和舉行大選。一九九〇年三月十八日，東西德統一的半年前，東德舉行戰後第一次、也是最後一次的民主大選。共黨雖然改以民主社會主義黨（PDS）的名義參選，公開宣示不再獨尊馬列主義，卻只拿下兩成不到的選票，威權統治四十年來，首度淪為在野黨，另外過半的席次全被抵抗獨裁的民主運動人士拿下。

早在圍牆剛倒的前幾週，民運人士就發現共黨高層利用各種名目偷偷脫產，因此上臺後第一件事，就是在西德政府的協助下成立委員會，清查共黨於黨國體制期間經年累積的龐大財產，這就是兩德

東德的權力結構在柏林圍牆倒下後突然出現真空，民運人士新成立的政黨因此與共黨高層和教會代表定期開會，討論如何解散史塔西和制定民主新憲法，以協助政權的和平過渡。
©Bundesstiftung Aufarbeitung　攝影：Klaus Mehner

統一後著名的「東德政黨與群眾組織財產獨立清查委員會」（Unabhängige Kommission zur Überprüfung des Vermögens der Parteien und Massenorganisationen der DDR，以下簡稱獨立清查委員會）的前身。

●制度化清查黨產

根據東德《政黨法》和兩德《統一條約》的相關條文，清查黨產有以下原則：

- 黨產與其他東德國營企業一樣，交給獨立機關聯邦托管局管理，未來如何處分由獨立清查委員會決定。
- 獨立清查委員會的職權相當於檢察官，有搜索和扣押證物等強制處分的權力。
- 黨務的日常支出須得到獨立清查委員會的許可，黨產贈與和資金流向必須清楚交代。
- 合法取得的財產政黨得以繼續保有，但威權時代以特權取得的財產在物歸原主後全部做公益。
- 獨立清查委員會設祕書處，有定期向國會報告清查進度的義務。

東德最後一任總理梅基耶二〇〇七年受邀訪臺時曾指出，凍結和調查黨產「不是對東德共黨的報復，而是基於民主規範下的公平與平等」。換句話說，從外部建立機制清查黨產，目的不是剝奪共黨的參政權，而是在威權轉型為民主的過程中「建立政黨公平競爭的環境」，警惕政黨未來不得把國家資產當成私產，這也正是獨立清查委員會成立的初衷。

德國在民主化的第一時間就著手處理歷史遺留的黨產問題，也與納粹的歷史教訓有關。一九三〇年代，佛立克（Friedrich Flick）、泰森（Fritz Thyssen）等德國鋼鐵業和製造業大老闆捐給納粹巨額的政治獻金，並在選前公開為希特勒站臺，「魚幫水、水幫魚」的政商結構間接促成納粹的崛起，為歐洲帶來浩劫。

因此，戰後的西德為免重蹈覆轍，在憲法中就有「政黨必須公開資金來源、用途和財產」的條文，媒體也勇於揭發政客私下收受政治獻金的內幕。東西德統一，德國再度面臨一黨專政累積的財產該如何處理的難題，第一步就是先弄清楚黨產的來源與明細。

●不義之財物歸原主後歸公

東德共黨威權統治四十年，坐擁土地和建物等不動產近二千筆，手頭還有二十八億馬克的現金，號稱是全歐洲最富有的政黨。這些黨產一部分是從蘇聯手中接收的財產，其他就是徵收、侵占、移轉而來，另外一部分則源自黨營事業特權和獨占經營的獲利。

此外，獨立清查委員會清查財產的對象也包括長期受共黨支持的外圍「群眾組織」，比方工會、德國民主婦女聯盟（功能近似臺灣戒嚴時期的婦聯會）、自由德國青年（類似臺灣的反共救國團），以及實質上受共黨控制、存在目的是為了維持多黨制假象的傀儡小黨。

在瞭解「東德政黨與群眾組織」財產的概況後，德國政壇接下來的問題就是如何定義黨產「正當」或「不當」？哪些該歸還給人民？兩德統一的第二年，委員會對此即達成共識：既然憲法施行的地區現在擴及到前東德，那麼繼承共黨的民社黨只能保有符合法治國原則合法且合理取得的財產，其他過去透過占用、徵收、利益輸送等方式取得的財產，是在權力缺乏制衡的黨國不分時代，以執政優勢取得，從今日的時空來看，屬於不合理也不合法的不義之財，對人民的自由和財產權造成侵害，所以這些黨產在物歸原主後應該全部歸公。

● 抗拒追討阻力大

一九九〇年，圍牆倒後的次年，東德共黨在民主浪潮的衝擊下潰不成軍，黨員人數從原來的兩百多萬人，到十月統一前夕只剩下三十多萬人，光靠黨費已無法支付四萬名黨工的薪水。德

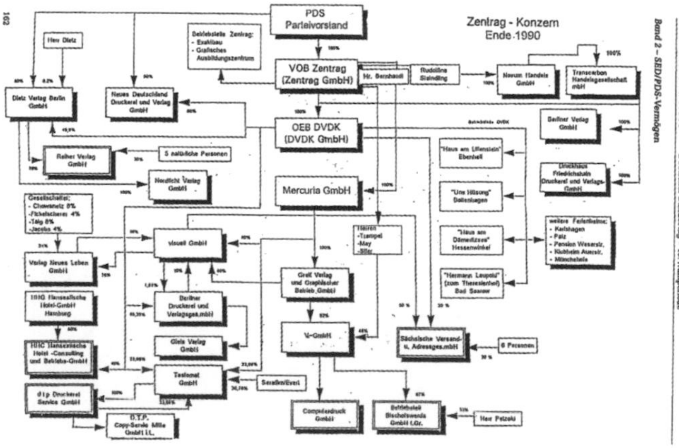

●●●

東德共黨在改名後成立
許多新公司來分散財產，
或透過信託的方式
將財產轉手，但實際上
黨中央仍握有主導權。
取自獨立清查委員會
一九九八年的報告

國社會當時對黨產還給人民有高度共識，共黨在丟掉政權後淪為過街老鼠，重建正義的呼聲四起，此時正是追討黨產的有利時機。

然而共黨高層卻無意割捨黨產，中常會甚至悄悄成立工作小組保住黨產，「以滿足選舉需要」，因此獨立清查委員會從一開始運作就面臨強大的阻力。

出身西德內政部、多年來一直擔任委員會主席的漢摩爾史坦受訪時就抱怨，民社黨的前共黨人士一直「系統性地隱匿財產」，若非「交代不清，給的文件不完整」，就是堅稱財產為合法取得，一旦某筆財產被委員會確認為不當，就馬上向法院提告；而且委員會剛成立時人手和經費都不足，查起來很辛苦，「這麼龐大的黨營事業體，外人實在很難一窺究竟。」

德國媒體因此把追查黨產的過程稱為「尋寶」，並不看好委員會能為人民討回多少財產，《明鏡》週刊一九九一年的一篇報導就指出，前東德共黨高層從來就沒有意願把黨產交代清楚，要什麼文件都拖拖拉拉，委員會只能「追在後面跑」。

更棘手的是，共黨高層趁著統一前政局動盪的那幾個月，大量捐款或貸款給友好的團體和忠貞的同志，或藉信託和入股成立上百家人頭公司，用分散和地下化的方式雙管齊下隱匿資產，讓委員會疲於奔命。柏林法院一九九五年的一次判決即指出，共黨用信託方式轉手財產目的，是「規避獨立清查委員會的控制，但在需要的時候又能隨時掌握」，表面看來，黨產雖已由信託人轉給受託人，股份為私人所有，實際上黨中央仍握有主導權。

在多次要求說明未獲回應後，委員會在警方的支援下，開始搜索民社黨黨部和代書事務所等多處地點，扣押機密的信託契約，這些契約後來就成了委員會呈庭的證據，證明這些「稻草人公司」（委員會的用語）就是黨產。

除了假信託和捐款之名，前東德共黨的高層還藉由各種名目脫產，例如發給離職黨工創業基金，或將資產大量移轉到海外。其中最著名的例子，就是以援助第三世界的學生為由，直接匯了上億馬克到蘇聯共黨協助成立的公司位於挪威和荷蘭的帳戶，沒想到當地銀行發現資金流動異常，立刻向德國政府通報；黨產偷偷移轉到國外的醜聞讓民社黨的形象掃地，對原本就緊繃的財務狀況更是雪上加霜。

● 切割黨產立足政壇

獨立清查委員會長年鍥而不捨重新丈量、追討共黨名下的土地，用化學方式重現被塗銷的文件，還與情報單位合作，到國外追查資金流向，經媒體一再披露，帶給民社黨很大的壓力。為了

克倫茲是柏林圍牆倒前東德共黨最後一任的中央總書記，天安門事件後曾公開支持北京，造成國內民眾的恐慌。
統一後，他因邊境士兵射殺逃亡的人民被控殺人罪，判了六年半的徒刑。
他出獄後接受各國媒體訪問時，自認受到不公平的審判。
攝影：林育立

避免落人口實，引發政治鬥爭的疑慮，委員會在清查黨產時，堅持一定要用合法方式找到證據。主席漢摩爾史坦有次就說：「就算他們躲躲藏藏，我們從頭到尾都光明正大，經得起最嚴苛的法律檢驗。」

面對嚴峻的情勢，民社黨高層一方面宣稱遭政治迫害，發動喧騰一時的絕食抗議，另一方面也清楚黨產問題如果繼續拖下去，未來將很難在政壇立足。就如當年圍牆倒塌後為了參選，非得捨棄原本共黨的名稱，才可擺脫負面形象，黨產的包袱遲早必須切割。

一九九五年，也就是東西德統一後的第五年，民社黨終於與聯邦托管局達成協議，同意放棄東德共黨的所有財產，只保留柏林的聯邦黨部等四處早在東德成立前就擁有的不動產和少數動產。協議中並加注但書，如有黨產隱匿被查出，民社黨就得支付雙倍的罰金。

隨後獨立清查委員會還為了追查人頭帳戶，到瑞士等國打官司，確定「再查下去也不會有結果」後，在二〇〇六年正式宣布解散，總計為人民討回十六億歐元（合新臺幣六百億元）的黨產，發表結算報告詳細記載追討的過程；主席漢摩爾史坦也因「重新恢復政黨競爭機會的均等，為統一後的德國民主做出巨大貢獻」，獲聯邦政府頒發十字勳章。

●轉型正義不受黨派利益左右

按《統一條約》的約定，討回來的黨產必須用於前東德地區的建設，委員會因此按人口比例分配給德東各地方政府。至於怎麼用，就如當年推動黨產清查的梅基耶來臺訪問時的建議，最好「用在民眾看得到的地方，才會得到更大的支持」。

例如布蘭登堡邦就從分到的黨產中提撥臺幣七千萬元給社區的音樂學校添購樂器，幫助弱勢兒童學習音樂；柏林的伯爾恩霍爾姆街（Bornholmer Straße）是圍牆被推倒當晚最早開放的關卡，該地的露天歷史展覽經費也是來自黨產。總計追討回來的黨產有四成拿來清償政府債務，三成振興地方經濟，剩下則用來修復古蹟和補助文化活動。

不過，德國國會在一九九八年成立的「聯邦釐清德國統一社會黨獨裁統治基金會」（Bundesstiftung zur Aufarbeitung der SED-Diktatur）才是最廣為人知、對社會影響也最深遠的黨產運用方式。基金會的主要工作是澄清歷史真相，目的是讓東德的威權過去成為全國人民的民主資產，每年運作經費臺幣二億元來自二十五億黨產的利息和政府補貼。

這個兩德統一後實踐轉型正義的重要機

伯爾恩霍爾姆街（Bornholmer Straße）是柏林圍牆倒塌當晚最早開放的檢查哨，現場目前是露天的歷史照片展，經費主要來自東德共黨的黨產。

攝影：林育立

關，成立至今，已贊助過三千多場展覽、演講、座談會、政治受難者和家屬的聚會，並長年贊助紀錄片的拍攝、博士論文的撰寫和專書出版計畫，全國九百多處與東德歷史有關的遺址所設置的解說牌，經費相當一部分也是來自這個基金會，成績相當可觀。

基金會還規劃歷史展覽，歷年主題包括「電影檢查」、「軍隊與社會」，和「圍牆下的日常生活」，每年都有上千個中小學和機構來信索取免費的展覽海報；二〇一七年的主題是「共產主義的時代」(Der Kommunismus in seinem Zeitalter)，基金會打算用二十五張海報來回顧俄國十月革命一百年來世界各地的共產政權，到時全國各學校和機關的走

經費來自黨產的基金會，每年都會規劃歷史海報展，
在全國上千個中小學和機構展出，
二〇一七年的主題是共產主義一百年，
回顧十月革命以來世界各地的共產政權。
©Bundesstiftung Aufarbeitung

廊、會客室和圖書館的牆壁上都可以看到這個展覽。

我不免好奇，基金會的運作難道不會受到政黨利益的支配？針對這點，執行長安娜．卡敏斯基（Anna Kaminsky）表示，轉型正義既非清算也不是報仇，除了釐清真相和追究責任外，重點還是在教育和擴大社會參與，本來就不應受黨派利益的左右。因此，在制度的設計上特別強調基金會的自主性，政府不得干涉或審查工作的內容，人員去留也絲毫不受政黨輪替的影響，不過每年須公布工作報告，接受輿論的檢驗。

如何讓大眾對歷史感興趣？卡敏斯基認為關鍵還是在扎實和精采的內容。例如基金會贊助的東德歷史紀錄片收視率就一再破紀錄，向來被認為枯燥無味的歷史展覽也吸引參觀人潮，「根據民調，八成德國民眾認為歷史真相的揭露和反省工作應該要持續下去，不去做怎麼知道大眾有沒有興趣？」

●和解的困難

獨立清查委員會結束運作的第二年，民社黨在吸收工會幹部後又改名為左翼黨，以廣建社會住宅、引進最低工資和訂定租金上限等左派政見來爭取選民認同。歷經民主政治二十多年的洗禮，這個以東德共黨繼承者自居的政黨，已轉型成決策由下到上，與其他政黨一樣，經費只來自黨費、選舉補助款，和政治獻金的民主政黨，最近幾次大選的支持率都維持在一〇％上下。

但即使共黨垮臺到現在二十多年了，左翼黨內仍有出身東德情報單位史塔西的幹部，而且許多黨產早已不知去向，政壇公認追回來的只是冰山一角。所以，不管是民社黨或左翼黨，真的有真誠面對其威權的過去嗎？多數德國人的答案應該都是否定的，這也增加了加害者與受害者和解的難度。

對此，卡敏斯基表示，坐過政治黑牢的人一生都活在創傷中，原本就不太可能會原諒加害者，旁人隨口說句：「向前看、不要向後看」，都會讓傷口再一次被撕開，更不用說看著昔日的加害者在政壇高枕無憂，因此和解在現實世界中很難辦到；基金會所能做的，就是把握一切可能的機會為受害者發聲，所有的努力皆可用「回憶是我們的任務」來囊括，「那遍布各地的九百多面解說牌，正是用來對抗遺忘的。」

6 戰後七十年首度再版：看德國如何解構《我的奮鬥》

蝙蝠與蝙蝠、老鼠與老鼠、公狼與母狼……每種動物只與同種交配，違反這條鐵律對疾病或敵人攻擊的抵抗力就會被大自然剝奪……強者不應該與弱者結合犧牲自己的優勢。

——希特勒，《我的奮鬥》（*Mein Kampf*）第十一章〈民族與種族〉，一九二五年出版

我希望你好好讀那本希特勒的書……這人有非比尋常又可靠的政治直覺，而且是在我們所有人都還迷惘的時候就有，這一點任何明智的人都無法反駁……納粹運動不只是政黨政治而已，未來將攸關歐洲與西方文化的拯救或沉淪。

——哲學家海德格將《我的奮鬥》送給弟弟當聖誕禮物時所附的信，一九三一年十二月，取自《海德格與反猶主義》（*Heidegger und der Antisemitismus*），二〇一六年十月出版

每一代德國人都在問一樣的問題：這樣的獨裁者怎麼可能出現？為什麼這麼多德國人願意追隨「領袖」，支持納粹的獨裁統治？

——柏林德國歷史博物館年度特展「希特勒與德國人」，二〇一〇年

德國出版界二〇一六年最轟動的事件，莫過於希特勒《我的奮鬥》在戰後第一次再版。「整本書條理不清，又充斥種族偏見，對現代人來說其實很難消化，」以爬梳第三帝國歷史聞名的德國記者凱勒霍夫（Sven Felix Kellerhoff）接受我訪問時，毫不掩飾內心對這本書的厭惡，不過他對德國打破七十年來的禁忌，倒是鬆了口氣：「禁了只會讓大家更好奇，為這本被納粹奉為聖經的書增添沒有必要的神祕色彩。」

● 戰後德國的禁忌

在柏林大報《世界報》（*Die Welt*）主編歷史副刊的凱勒霍夫，寫過多本書探討納粹統治的真相。早在一九九〇年代初還在大學讀歷史系時，他就對這位惡名昭彰的獨裁統治者感到好奇，在一家舊書店買到人生的第一本《我的奮鬥》：「當時老闆偷偷把書賣給我，像是在賣違禁品，」凱勒霍夫笑說：「那是我學生時代買過最貴的書，花了我一整個月的獎學金。」

德國戰敗後，這本希特勒的名作就從書店消失，再也沒有重新發行。一九四五年四月三十日，希特勒在蘇聯紅軍攻進柏林的前一刻飲彈自盡，由於他的住址登記在慕尼黑，占領當地的美軍就把他所有財產移交給巴伐利亞邦政府（Bayern），其中包括《我的奮鬥》的版權。從此，巴伐利亞就以保護作者的著作權為藉口，一再阻撓出版社發行新版。

一本戰前幾乎人人家裡都有的暢銷書，戰後卻成了社會的禁忌，禁書的形象根深柢固，原因當然與納粹屠殺猶太人的暴行有關。「德國官方長年以來認為德國人不該再讀這本煽動仇恨的書，而且深恐重印這本納粹的代表性著作，會傷害國家形象，」凱勒霍夫分析：「這樣的做法導致許多人誤以為書裡一定有什麼不可告人的祕密，不然為什麼要禁？連學術圈對這本書也有許多誤解，市面上希特勒的傳記有八十多本，可是唯一的一本自傳卻像沒有人探究過的黑洞。」

按照歐盟法律，作者過世七十年後，著作就歸為公共版權，德國政府再也無法以違反著作權為由阻攔出版。在納粹研究居領先地位的慕尼黑「當代史研究所」（Institut für Zeitgeschichte）把握機會，搶先在二〇一六年一月推出加上學者注釋的評注版，這是《我的奮鬥》戰後第一次在德國的書店上架，備受全球矚目。

凱勒霍夫應景寫下的《我的奮鬥：一本德國書的生涯》（*Mein Kampf - Die Karriere eines deutschen Buches*）一書，二〇一五年夏天一問世也

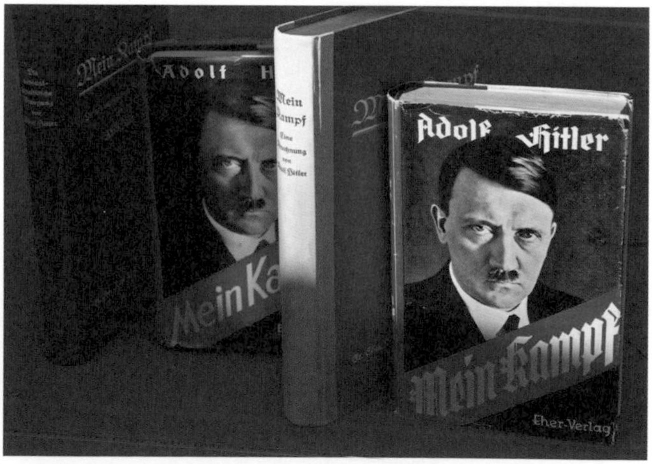

《我的奮鬥》
在戰後的德國是禁忌，
但不是禁書，
擁有、討論和買賣
這本書並不犯法。
©Institut für Zeitgeschichte
攝影：Alexander Markus Klotz

在德國引起熱議，出版社文案寫的聳動，卻也是不爭的事實：德國總算出現一本專門著作向大眾好好介紹這本「德國史上最具爭議，和德國作家有史以來賣得最好的暢銷書」。

「戰爭都結束七十年了，德國卻從來沒認真面對過《我的奮鬥》，有太多傳聞需要釐清。」凱勒霍夫因此寫了一本提供背景知識的書：「希特勒當時到底在想什麼？書中能找到後來大屠殺的線索嗎？德國官方對這本書為何這麼敏感？」他希望德國人在不得不面對這本讓人不舒服的書之前，在知識和心理上都預做準備，「就像你在吃藥前最好先讀說明書，把副作用搞清楚。」

●沒人讀過的暢銷書？

《我的奮鬥》最早出版時分成兩卷，一九二五年出版的第一卷《清算》（*Eine Abrechnung*）是希特勒的自傳，他在書中描述自己家庭、求學、當兵和成立納粹黨的經過，次年出版的第二卷《國家社會主義運動》（*Die nationalsozialistische Bewegung*）則是內政和外交的施政藍圖。希特勒寫作時才三十五歲，因政變未遂被關入獄中，抑鬱不得志的他，一開始的寫作動機除了為被禁的納粹黨規劃發展藍圖，部分原因也是為了賺錢，書中每一行都是他的親筆，「外界傳聞這本書是由親信代筆，就像許多圍繞著希特勒的傳說一樣是謠言。」

《我的奮鬥》上市前幾年銷售狀況並不理想，凱勒霍夫引述當時的書評指出，「整本書的用字粗俗，文筆又差，不要說我們現代人、對他的同代人來說也是一本寫得很糟的書。」因此書中雖然露骨表達種族主義的偏見，第一卷也還賣得不錯，一般知識分子根本不把希特勒當一回事，只有極少數人警告他言論的危險。這點讓我想起二〇一六年才過世、對戰後西德有深遠影響的歷史學家布拉赫（Karl Dietrich Bracher）經常被引述的一段話：「希特勒的故事，就是他被嚴重低估的故事。」

一直到納粹奪權的一九三三年後，《我的奮鬥》才開始大賣，一共被譯成十八種語言、前後賣了一千二百萬本。然而戰後卻流傳著一種說法，認為這是本「沒人讀過的暢銷書」，對此凱勒霍夫無法苟同。他根據當年圖書館借閱紀錄和出版社銷售的統計、名人日記裡的讀書心得，以及戰勝美軍的民調，推論至少有四分之一的德國成年人、也就是說有好幾百萬人讀過《我的奮鬥》。

「《我的奮鬥》無疑是一本相當有影響

納粹高層一九四二年在柏林近郊萬湖（Wannsee）畔的這棟別墅開會，
決定對歐洲的猶太人進行組織性的屠殺，館內目前設有常設展，展出這次會議和大屠殺的經過。
攝影：林育立

力的暢銷書，」凱勒霍夫說：「而且希特勒在後來的演講中，一再重複和書中一模一樣的話，所以不少德國人在戰後辯稱自己從來沒讀過這本書，因此不知道後來會發生大屠殺，根本是自欺欺人。」

● 網路時代難禁

嚴格說來，《我的奮鬥》在戰後的德國只是禁忌，但從來不是「禁書」，圖書館可以借出來看，舊書店有賣，歷史課有教，擁有、閱讀、討論和買賣這本書並不犯法。許多德國人避談希特勒，政府也透過外交和司法手段封殺《我的奮鬥》在國內外的出版，主要還是因為納粹的惡名，對此輿論和學術圈早已有許多怨言。

凱勒霍夫直言，多年來德國官員沒人敢碰《我的奮鬥》，抱著多一事不如少一事的心態，只想把書擋下來，這本希特勒

● ● ●

納粹在目前位於波蘭的奧許維茲集中營，
屠殺了超過一百萬的猶太人。
攝影：林育立

最重要的著作因而被賦予過多想像，媒體只要一報導，就容易淪為妖魔化的獵奇，沒人認真探究書的內容。寫下權威希特勒傳記的英國學者克肖（Ian Kershaw）也抱怨巴伐利亞的做法「愚蠢」：「德國禁止這本書出版，對我來說一直是個謎。」

更荒謬的是，原本用來保護智慧財產權的著作權，卻被政府拿來做為出版檢查的手段，而且保護的對象不是作者，而是社會大眾和國家形象，這成了出版史上少見的怪現象。況且網路的流通根本不可能禁止，「不管是原書的掃描版、各種語言的翻譯版，或全文的文字檔，網路上現在能找到三、四十種版本，」凱勒霍夫說，「網路時代再禁止出版根本不合時宜。」

●理解希特勒的最重要史料

既然七十年的版權保護期結束後，禁止

《我的奮鬥》被譯成十八種語言，賣出一千二百萬本，是德國作家有史以來賣得最好的暢銷書。
©Institut für Zeitgeschichte　攝影：Alexander Markus Klotz

的這條路再也不可行，《我的奮鬥》改以學者注釋過的新面貌重新問世，或許是一種可行的變通方式。主編哈特曼（Christian Hartmann）在柏林向各國記者介紹這套新版時，態度十分慎重：「《我的奮鬥》的重要性，在於它是理解希特勒出身和思想最重要的史料，」他強調：「在版權解禁的此刻，德國有責任率先推出一部能徹底解構希特勒爭議言論的權威版本。」

這部《我的奮鬥》的新版分成兩大冊，含注釋近兩千頁，匯集國際學術界的最新研究成果。書皮刻意採用中性和素面的灰色，書名刪除希特勒的名字阿道夫（Adolf），改成《希特勒，我的奮鬥。一個評注的版本》（*Hitler, Mein Kampf. Eine kritische Edition*），「為了

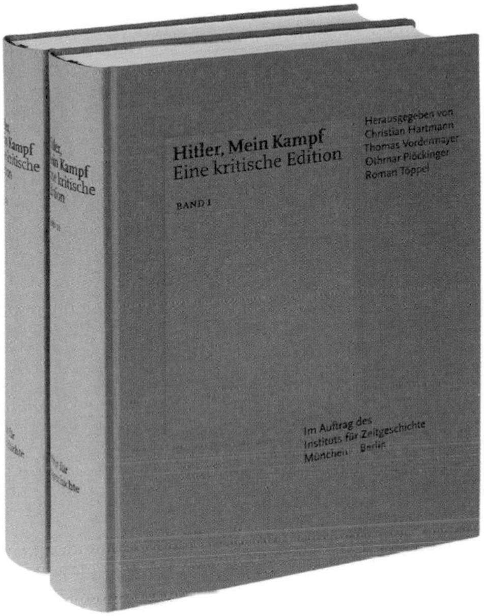

慕尼黑當代史研究所出版的
《我的奮鬥》評注版，
共有兩大冊，含注釋近兩千頁。
©Institut für Zeitgeschichte

跟原書拉開距離，我們連標點符號都想了很久。」打開精裝和厚重的大開本，右頁是原文，原文的周圍和左頁全是密密麻麻的注解，「用注解包圍正文」的版面顯然是刻意的編排，「注解經常比原文還長，我們就是不要讓希特勒的文字當主角。」

一九九〇年代，當代史研究所曾在官方的支持下出版過希特勒演講集六大冊，和納粹德國宣傳部長戈培爾（Joseph Goebbels）的日記十五冊，但都比不上《我的奮鬥》這次再版這麼有話題性，出版前一年相關爭議就在國內外媒體延燒。哈特曼和其他三位頂尖的歷史學家用了多年時間，採取「人物和事件的客觀說明」、「關鍵意識形態及其根源的解說」、「作者參考資料的揭露」、「違背史實和偏頗段落的修正」、「時代脈絡的補充」和「與納粹執政後果相互對照」等策略，為原文寫下三千五百條注釋，「我們想毀掉這本書的象徵性。」

● 精準駁斥的快感

什麼是違背史實和偏頗段落的修正？哈特曼舉例說，希特勒認為德國的新聞圈被猶太人牢牢掌握，他就批注說媒體工作者當中猶太人的比例的確偏高，但不像希特勒所描述的那麼誇張，而且猶太族群內部也有不同聲音，其中不乏狂熱的德意志國族主義者。

此外，名人自傳虛構和非虛構的界線原本就模糊，獨裁者的自傳更不可信，他因此在注釋中揭發希特勒如何隱瞞家產，刻意把自己塑造成出身卑微的小人物，凸顯發憤圖強的形象，「對一般讀者來說，自己找出謊言實在是力有未逮，這正是我們歷史學家的責任。」

那麼什麼是關鍵意識形態及其根源的解說？比方希特勒在書中稱猶太人是「蛆」，「身上帶著惡毒桿菌」的他們會「毒害人類的靈魂」，哈特曼在注解時，就從政治宣傳的角度切入，點出「把政敵貶成害蟲是常見的手法」，並向寄生蟲專家求教，「從十九世紀微生物學和公共衛生學的發展脈絡，找出希特勒的用字在當時引發的聯想。」

值得一提的是，哈特曼領導的團隊還將《我的奮鬥》的文本與後來納粹統治相對照，試圖找出政策成形前最早的意識形態藍圖。例如希特勒著迷於二十世紀初流行的社會達爾文主義，將自然界優勝劣敗的法則應用在人類身上，將歷史解釋成是不同的種族間、例如雅利安人與猶太人的鬥爭；納粹上臺後果真實施《血統保護法》（*Blutschutzgesetz*），將猶太人與非猶太人的通婚視為是非法的「種族恥辱」（Rassenschande），為猶太人接下來在歐洲被孤立、迫害和屠殺種下禍根。希特勒在書中大談德國人擴張「生存空間」（Lebensraum）的必要性，「日耳曼化只能在土地進行，不能在人身上」，第三帝國後來果然付諸實現，占領歐洲各國並殺害當地的人民。

一如當今民粹政治人物常見的煽動手法，希特勒總是把複雜的社會現象簡化成二元的意識形態之爭，將歐洲的困境全部歸罪於猶太人「征服世界的陰謀」。「整本書邏輯混亂，到處都能找到真相和傳言、謊言，以及各種似是而非的說法混淆在一起的段落，評注起來非常費工夫」，哈特曼說，幸好收集足夠的證據以精準反駁希特勒，能帶給注釋者相當的滿足感，「有種正中紅心的快感。」

●●●
哈特曼（後）等四名德國歷史學者，
聯手為《我的奮鬥》寫了三千五百條注釋，
獲頂尖的學術團體頒發學術成就獎。
©Institut für Zeitgeschichte
攝影：Alexander Markus Klotz

● 以反駁希特勒為樂

這部《我的奮鬥》新版在二〇一六年年初一推出，馬上得到輿論好評。凱勒霍夫在報上的書評說，解構希特勒的文字要花很大的工夫，哈特曼的團隊在編纂的過程中，向上百位不同領域的專家請教，嚴謹的態度讓人無話可說；更難能可貴的是，注釋的文字精準易懂，非常適合高中歷史老師在課堂上運用。《南德日報》則提醒，希特勒主要是靠演講來煽動民眾，光《我的奮鬥》一本書無法解釋納粹為何崛起，但「大屠殺、滅絕性的戰爭、恐怖統治明明全寫在上面，只要你想瞭解就能讀懂」，這個評注版成功駁斥了戰後一些德國人的自我辯解。

德國頂尖的學術研究團體「萊布尼茲協會」（Leibniz-Gemeinschaft），還頒給哈特曼兩年一度的學術成就獎，表揚他「補足納粹德國研究的一大塊缺口」。

德國目前有十萬猶太人，他們怎麼看待《我的奮鬥》離開「毒品櫃」（Giftschrank）——一個提到這本書時經常用到的比喻——重新回到書架？德國猶太人最具代表性的組織「德國猶太人總會」（Zentralrat der Juden in Deutschland）肯定這部新版的發行，「我相信，這部加上注釋的版本能為這本書脫下神祕的外衣，揭穿希特勒荒謬的理論和觀點」，會長修斯特（Josef Schuster）在電視受訪時表示；不過，也有一些大屠殺的生還者和後代，公開表達他們在情感上難以接受《我的奮鬥》在加害者的國家重新出版，憂心仇恨

二〇一三年，納粹奪權八十週年，柏林市推出「被毀掉的多元」露天展覽，展出超過兩百名在納粹統治下被迫出走的作家、藝術家和科學家的生平。
攝影：林育立

會因此而散播開來。

對此，當代史研究所所長威爾辛（Andreas Wirsching）指出，猶太人的意見和感受當然必須尊重，但德國在版權解禁後什麼都不做的話，情況可能更糟，這也是為何他的單位早在十年前就考慮用專家評注的方式來解決這個難題。威爾辛解釋，不只專家學者，一般讀者對於《我的奮鬥》也極感興趣，成為公共版權後，理論上任何一家出版社都可以重印，因此他的盤算是第一時間就正面出擊，推出一部既符合最高學術標準、也能讓大眾讀得懂的版本，把目光全都吸引過來，「這樣就能壓縮其他沒那麼嚴肅的版本的空間。」

果然，這部新版還沒推出就有一萬五千本的訂單，上市後連續幾週名列暢銷書排行榜，預計第一年可賣出十萬本，一些宣稱要重印原作的極右派人士則到現在還沒有動作。

戰後七十年，《我的奮鬥》再度在德國成為暢銷書，但這次再也不是希特勒煽動暴力的原著，而是寫給想弄清楚像他如此偏頗和殘暴的獨裁者怎麼可能出現的讀者，以反駁希特勒為樂的專家們批判和拆穿他話術的文字比原文還長，這本書在知識和思辨的解構下從此失去象徵的力量，回歸有憑有據的討論，讀者自然也對思想毒素有免疫力。

從這個角度看，德國到現在還有這麼多人想讀《我的奮鬥》是個好消息，這些學者的苦心一點也沒有白費。

PART 4
二十五年的自由與統一：重返歐洲中心的新德國

一九九九年，柏林圍牆倒下的十年後，德國國會從波昂搬到柏林，
新建的聯邦總理府隨後也完工啟用，統一後還都柏林的歷史性決定終於實現。
德國從來不曾在這樣的邊界內、以這樣的體制存在過，
兩個制度截然不同的國家合而為一更是少有先例。
東西部的生活水準如何拉平？歷史記憶歧異、對彼此又陌生的人民如何共事？
當民意要求嚴懲加害者時，司法機關如何在社會期待和重建法治的鋼索上取得平衡？
走在沒有前人走過的路上，處處都是障礙。

二〇〇六年，德國主辦世界盃足球賽，戰後的德國人第一次以身為德國人而自豪，
開心揮舞國旗。但這個德國再也不是帶給鄰國壓迫感的霸權，
而是真誠反省過去、樂於「跟全世界交朋友」（當年的世界盃口號）、
並十分珍惜好不容易才爭取到的自由的新國家。
首都柏林包容開放和開闊流動的新氣象，正帶領著這個重返歐陸中心的新國家，
在一塊知識工地上以啟蒙時代的哲人為師，打造人類文化對話的平臺。

1 兩德統一與新德國的誕生

人無法克服過去發生過的事，也不可能改變或當作沒發生過，
可是如果對過去閉上雙眼，就同樣看不到現在……
我們上一代人虧欠年輕人的不是完成他們的夢想，而是正直……
我們應該幫助他們冷靜面對歷史的真相，不能有偏頗，
也不該訴諸烏托邦式的教條和道德優越感。
——德國前總統魏茨澤克（Richard von Weizsäcker），
一九八五年五月八日終戰四十週年紀念日，波昂聯邦國會

這世界上可能沒有一個國家像我們一樣，可以從戰爭走到和平、
從分裂走向和解、從民族主義和意識形態的狂熱回到理性的政治……
我們德國人能將這些經驗貢獻給這個變得動盪不安的世界。
——德國外長史坦麥爾（Frank-Walter Steinmeier）被推舉為總統時的感言，
他於二〇一七年二月就任

「不只德國，波蘭、捷克、斯洛伐克、匈牙利的總統等下都會來，今晚的萊比錫是歐洲的中心。」市府觀光局派來的導遊預告當晚即將舉行的慶典時，聲音有點顫抖，聽不出是恐懼還是期待。自稱君特（Günter）的他年過七旬，走路的速度卻非常快，我們緊跟著他穿過一排排精美又氣派的拱廊長街，對這個德東第二大城蓬勃的商業氣氛欣羨不已。

不過，一走進全城最大的尼可萊教堂（Nikolaikirche），君特的腳步突然停下來，像是剛剛穿過時光隧道，開始回顧他在東德走過的大半生。他憶起當年不准到敵對的資本主義西德旅行，所以無法見到死去的哥哥最後一面時，竟一時難過地說不出話來，我忍不住輕拍他的肩膀，對他說：你的故事，我們臺灣人也能懂。

●萊比錫的奇蹟

在世人眼中，柏林圍牆倒塌是冷戰結束和東西歐走向統合的分水嶺，可是在多數東德人的記憶裡，萊比錫的「星期一示威」（Montagsdemostration）才是共黨垮臺的關鍵。一九八九年十月九日這一天傍晚，尼可萊教堂在固定每週一舉行的禱告結束後，教堂內外上千位民眾手上持蠟燭，克服內心的恐懼，自動走上街頭，表達對當局的不滿。

「幾天前，軍方才威脅說要鎮壓，一開始走時，大家都好緊張，因為中國天安門事件的陰影還在，」二十五年前那晚的肅殺氣氛他一直沒忘：「我們就沿著環城大道一直走，高聲喊口號，還有人唱〈國際歌〉壯膽，愈晚加入的民眾就愈多，那是我一生中最

●●●

萊比錫星期一示威的當晚，七萬名群眾沿著環城大道一直走，高喊「不要暴力」的口號，在場的軍警從頭到尾不敢開一槍。

©Robert-Havemann-Gesellschaft　攝影：Aram Radomski

激動的一天。」

幾個月前才藉著聲援北京恐嚇人民的東德共黨當局完全沒料到，萊比錫那晚有七萬人上街，從全國調集來的近萬名軍警從頭到尾不敢開一槍。萊比錫遊行的過程，被兩位大膽登上教堂塔頂的民運分子拍下來，他們將錄影帶偷偷交給一名西德記者，當晚他就藏在內褲私運到西柏林。第二天，示威的畫面透過西德的電視臺傳到東德家家戶戶，激勵了各地的示威群眾，一個月後，圍牆應聲倒下。

「一九八九年一整年，東德到處都有示威，不過還沒到撼動政權的程度，星期一示威是東德人民走向自由的轉捩點，讓東德領導人第一次感到絕望，」歷史學家艾克哈特（Rainer Eckert）總結說；不過他也不忘提醒，東德相較於中國有多幸運：「那一晚只要有軍官或民眾沉不住氣，局勢就可能失控。」艾克哈特是萊比錫當代史論壇（Zeitgeschichtliches Forum）的館長，這座在全城最熱鬧的購物街上免費開放的博物館，擁有全國最豐富的和平革命收藏。

尼可萊教堂如今是民主聖地，吸引各國觀光客慕名而來，「萊比錫的奇蹟」也拍成電影，成為全德國人共同的記憶。

萊比錫的市民對當年寫下歷史的遊行非常自豪。在我們到訪這一天、也就是二〇一四年十月九日的晚上，市府以「追求自由的勇氣」為題，盛大慶祝星期一示威二十五週年。歌劇院前寬闊的廣場上放著「八」、「九」兩個巨大的字母，回憶政局高度動盪的一九八九年，字母上面排滿民眾點的蠟燭，在黑夜中閃閃發光。

這一晚，總長三．六公里的環城大道全部封街，現場靜悄悄聽不見任何音樂，只有在街角可以聽到二十五年前同一地點的錄音在重複播放著，和看到投影在建築牆面上的歷史畫面：史塔西分部原址、如今的東德特務博物館門口，是當年的示威人群和標語；在全城最高的摩天大樓上，則是一張張在圍牆倒塌之前和之後拍的家族相片，相片切換的一瞬間正是東德人前後半生命運交關的分界。

「沒有你們，圍牆就不會倒」、「先自由，才有統一」，在中歐各國領袖出席的慶典上，備受民眾愛戴的總統高克高調向萊比錫致敬，並不忘聲援當時正在發動雨傘革命的香港年輕人：「他們很清楚如何捍衛民主。」在這場「慶祝和平革命二十五週年」的演說中，高克還期許德國人向勇敢站出來的萊比錫市民學習，在歐洲和世界上承擔更多的國際責任。

一樣是密密麻麻的人群，一樣手上拿著蠟燭，在環城大道上逆時針繞著老城區

天安門事件後，東德的民運分子擔心軍事鎮壓在東德重演，在集會時高舉中文的「民主」標語。
照片：林育立翻攝於「革命與圍牆倒塌」展

走，隱約還可以聽到如大合唱般「自由選舉」、「我們是人民」和「史塔西滾蛋」等公民抗命的呼喊，情緒的盒子也跟著打開。我在許多老一輩人的臉上看到驚恐和淚水，也在人群中發現青少年呼朋引伴跟著一起走，他們在圍牆倒後才出生，全是難以想像圍牆曾經存在過的新生代。

　　這是個用聲光勾起深埋的記憶和情緒、讓在場不同世代的每個人都能沉澱下來回憶和深思的紀念儀式，萊比錫的街頭一整夜來了十五萬人，人數是二十五年前的兩倍。

萊比錫市民在星期一示威的二十五週年紀念日，
再度點燃蠟燭，回憶政局高度動盪的一九八九年。
攝影：Dirk Brzoska

●追問正義的開始

威權政府垮臺，昔日領導人首先要面對的就是司法追訴。壟斷國家資源的統治者與人民之間的鴻溝，隨著圍牆倒塌和新聞管制解除，一下子全浮上檯面。口口聲聲說要消除階級矛盾的共黨高幹，原來躲在首都近郊的神祕別墅區享受特權，甚至挪用公款為子女買房，引起全民憤怒。

因此，早在圍牆剛倒的前幾個月，東德的檢察官就開始針對高層貪汙和濫用職權展開調查。統一後，德國司法機關更將偵查重點放在選舉作票、刑求和槍殺逃往西德和西柏林的人民，一九九〇年代，面臨法律責任的前東德黨政菁英和軍人高達十萬人。

不過，等到法官實際開庭審理後，受限於罪刑法定原則，只有東德法律有明文規定才能判刑，加上追訴期限和蒐證困難等限制，最後定罪的只有七百多人，而且多數是輕判，真正坐牢的只有四十六人；對照威權統治四十年間的約二十萬名政治犯，和在邊境遭射殺身亡的一千多位民眾，對加害者的懲罰可說是微不足道。

獨裁政權整肅異己的案例層出不窮，沒有違法當然不等於正當，何況嚴懲東德黨政軍高層乃是當時民意和輿論之所趨；但德國的司法機關為了在剛剛才脫離威權的東德建立法治，得先從尊重被告人權和無罪推定原則做起，在這樣的前提下，追究前朝加害者的個人刑責必然有其難度。

知名民運領袖波萊（Bärbel Bohley）的名言：「我們追求的是正義，得到的卻是法治國家。」反映的正是民主化後對正義有高度期待的民運分子和政治受難者，對司法追訴結果的失望。

●史實是正義的基礎

為了避免重蹈西德在二戰後，遲遲不願反省納粹暴行的覆轍，統一後的德國把握民主化後的黃金時機，在一開始就積極面對國家暴力的嚴肅課題。不到兩年內，朝野就在民運分子的催生下，攜手成立「釐清共黨獨裁歷史與後果」調查委員會，召開公聽會邀請學者和歷史見證者，從意識形態、司法體制、情治機關、反對運動、媒體角色、學校教育、文化政策等面向，釐清黨國體制的輪廓。

德國當時才剛統一，政壇的共識是唯有充分瞭解威權的過去，歷史記憶歧異的東西德人民才有可能認識彼此，凝聚全國的向心力。一九七〇年代推行東進政策（Ostpolitik）、為歐洲結束分裂鋪路的前西德總理布朗德（Willy Brandt），一九九二年在國會發表最後一次演說時就表示，德國人不該用勝利者的姿態否定東德的一切，但也不能忽視過去的不義，釐清威權遺緒是全國性的任務，目標是促進和解。

不過，這個德國戰後規模最大的國會調查委員會，等到實際運作才發現，數十年的威權統治絕非短短幾年就能調查清楚，只好又延了一個會期，一連進行六年才完成任務，前後出版的三十一部巨冊、總篇幅三萬多頁的調查報告，內含豐富的口述歷史，至今仍是研究者重要的參考史料。

由於德國很早就傾政府之力整理情治檔案，而且共黨的歷史檔案，在黨產交付信託的同時就交給國家級的聯邦檔案館管理，政治犯的平反和遭沒收財產的歸還作業，在證據保全的情況下進展得相對順利，豐富的檔案甚至一度讓東德研究成為顯學。在共黨垮臺後不過十多年，學者對統治的權力結構、尤其最核心的史塔西就研究得相當透澈，深度和廣度均領先其他檔案未開放的前共產國家。

德國為何要花這麼多力氣釐清威權的歷史？對此史塔西檔案局局長楊恩表示，一般人在談到過去時大多只剩下個人的美好回憶，卻忘記體制的壓迫，「獨裁也有陽光，但不是人人都能照得到。」釐清真相指的是盡可能從多方面檢視過去到底發生了什麼事，社會在討論時如果光憑先入為主的印象，沒有扎實的研究和史實做為基礎，就容易淪為捕風捉影和選擇性的揭露。

施努爾（Wolfgang Schnur）在東德時代是民運分子最信任的辯護律師，
共黨垮臺後更是熱門的總理人選，不料大選前幾天，他史塔西線民的身分在媒體曝光；
從此，他不僅被迫結束政治生涯，律師的執照也被法院撤銷。
施努爾的傳記《被出賣的出賣者》（*Der verratene Verräter*），
二〇一五年出版時曾引起社會熱議，書名指的是出賣民運同志的他自己也被特務出賣了。
©Bundesstiftung Aufarbeitung　攝影：Klaus Mehner

●重建司法公信力

「我手下的公務員有一萬人，其中三百人是特務和線民，他們的每一份資料我都仔細讀過，只要被問到時隱瞞自己曾經為史塔西工作過，我全部解聘。」在萊比錫所在的薩赫森邦政府擔任過衛生部門主管的蓋斯勒（Hans Geisler），在柏林一場回顧統一成就的座談會上，透露二十五年前決定手下東德公務員去留的經過。「只有一人，到現在我還覺得遺憾，他是一名盲人，曾受史塔西的委託監聽電話，一開始還不願承認，為了一視同仁，除了開除他之外我別無選擇。」

與會的知名科學家、東德民主運動的先驅萊希（Jens Reich），也一樣曾經為了是否留任一名優秀學者而陷入長考：「我發現他寫給史塔西的報告避重就輕，沒有對同事造成傷害，他也告訴我，打小報告是為了保護同事，避免史塔西來找單位的麻煩，因此我決定給他第二次機會。」

靠特務治國、將司法牢牢抓在手裡的黨國體制落幕後，民主的新政府該如何重建人民對行政和司法機關的信任？德國公務部門的主管，先是利用情治檔案逐一判定每名東德公務員協助迫害的輕重程度，淘汰不適任的官員；至於前東德的法官和檢察官，則全被迫放棄公職，如申請復職須經過嚴格審查，確認沒審判過政治犯、量刑時沒濫用刑罰、不曾當過高階主管、私底下也沒向史塔西告密，先試用三年再重新任用。

只要提到轉型正義，德國開放情治檔案和人事清查的經驗，向來是許多民主轉型國家借鏡的對象。不過，我們回顧兩德統一以來的種種作為就會發現，轉型正義是社會集體反思的過程，真相的確能帶動對話，然而，走向和解的路上卻是困難重重。

●浮上檯面的矛盾

二〇一四年是柏林圍牆倒塌二十五週年，次年兩德統一也正好滿二十五年，全國都有官方和學術機構主辦的座談活動。在柏林自由大學一系列探討媒體與政治關係的演講中，以深度報導見長的東德報紙《每週郵報》（*Wochenpost*）總編輯布麗姬特・齊瑪曼（Brigitte Zimmermann），就受邀分享黨營媒體運作的內幕。

德國市面上目前已有多本著作，探討共黨當年如何透過限證、限印、限張等方式控制媒體，與臺灣戒嚴時代的報禁一模一樣，但少有媒體高階主管願意現身說法，這場演講因此吸引滿座的聽眾。齊瑪曼自認，當年「想到什麼就寫，對得起自

●●●

東德民眾為了突破官方的新聞封鎖，將屋頂的天線朝向西方以收看西德的電視，西德也沿著東西德邊界架設發射站，擴大訊息的傳播力。
©Bundesstiftung Aufarbeitung　攝影：Harald Schmitt

己的良心」；不過她也承認，雖然東德憲法保障新聞自由，自我審查在東德的新聞圈根深柢固，記者在面對權力時「怕惹麻煩」，心中有一道不敢跨過的紅線。

兩德統一後東德的媒體大換血，幾乎全由西德的報社和員工接手，齊瑪曼是少數留下來從事新聞工作的東德媒體高層。在這場演講中，我們可以聽見一位不用再為當局服務的記者，對媒體角色的反省。

在東德情勢最緊迫的那幾週，西德記者克服萬難，在民運分子的協助下偷偷報導示威，喚起東德人民的覺醒，現場因此有聽眾質疑，齊瑪曼主編的報紙為何對示威都隱匿不報？難道上級下令封鎖消息？

齊瑪曼聽了一驚，不加思索地回應：「許多人等到共黨垮臺後，才跳出來自稱是民運人士，可是當時參加示威的事實上只有少數人。」她堅持如果有去採訪，一定會報導：「可是我真的沒收到通知。」在場幾位前東德異議人士聽了馬上群情激憤：「妳一直站在壓迫者的一方，怎麼可能冒著丟掉工作的風險報導我們？」坐在臺上的齊瑪曼不為所動，不願再回答任何問題，主持的學者只好匆匆結束活動。

究竟是記憶出現了空白，還是自我防衛機制啟動後選擇性的失憶和辯解？敵意固然一時難以消除，對話難道就毫無可能？齊瑪曼的回應和意外出現的對立，在我的心中留下了一些問號，但身為黨國體制栽培菁英的她有勇氣走出來與社會對話，還是令我感到敬佩。

●東德比丹麥還遠

二〇一五年十月三日，正逢兩德統一二十五週年，柏林的德國歷史博物館（Deutsches Historisches Museum）特地舉辦館慶，開放民眾免費參觀。打開當天德國各大報的標題，一片積極和樂觀的情緒：「幸運的德國人」、「德國：成功的故事。」德國人為何對統一如此自豪？東西部的生活水準和所得還有差距嗎？選在這別具意義的一天，走訪這座展品豐富的博物館，或許有意想不到的收穫。

首先我參觀的是年度特展「日常生活與統一——轉型社會的肖像」（Alltag Einheit. Porträt einer Übergangsgesellschaft），掛在入口的海報涵義模稜兩可，似乎在暗示德國歷史上一再出現的斷裂和延續：一名中年婦女正把幾面疊在一起的國旗綑綁在一起，從黑、紅、金三色的外觀看來應該是德國、也就是西德的國旗，但也有可能是東德的國旗，或者兩者都是。柏林圍牆倒後不到一年，東德就以五個邦的名義「加入」西德憲法的施行範圍，這兩個國家行政和法律完成統一的那一天，就是這次展覽時間軸的起點。

不過，圍牆和鐵絲網阻隔東西德近三十年，民眾平日少有機會互動，加上冷戰「反共」和「反帝」政治宣傳的鮮明對比，一開始接觸免不了出現摩擦。在個人經驗分享的「統一的生活小故事」展區，一名代表公司到東德併購的西德律師就說，東德人普遍認為西德人傲慢，看到他開高級轎車會有自卑感，西德人得保持低調才能贏得對方的信任。

房子被西德屋主討回去的一位東德人，對資本主義也有強烈的挫折感：「在東德，土地為全民所有，我們對土地有強烈的歸屬感，可是西德人卻把土地當成生財的工具。」

東德民眾與西方隔絕數十年，歷經一再抗爭才爭取到自由，對民主還有不切實際的幻想：「我以前羨慕西德的新聞自由，以為記者可以自由決定報導的內容，可是統一後才發現許多記者只寫老闆想看的，原來他們的記者跟我們的一樣，怕丟掉工作。」

兩個體制截然不同的國家突然決定要合而為一，歷史上從來沒有先例，不光是民眾，政府機關也來不及應變。以這間博物館為例，館藏來自東西柏林原來都有、名稱也相近的「德國歷史博物館」，員工也來自兩個不同的國家。創館的館長史托澤爾（Christoph Stölzl）在上班的第一天，索性直接對員工說：「我們每個人背後的故事都不同，很難互相理解，更不用說指出對方的對錯，我自己也不知道接下來該怎麼辦。」面對彼此陌生的員工，他只好精神喊話：「就讓我們開始一起做事吧！」

東德的轉型由西德一手主導，大量西德官員到東部協助政權的平穩過渡，也為西德各領域的菁英打開機會之窗。曾在慕尼黑當過館長的史托澤爾，和目前在東部一家銀行擔任經裡的布朗（Ralf Braun）一樣，當年都是抱著傳承經驗的使命感到東德協助重建。

「對我們西德人來說，東德的距離比丹麥還遠，」布朗的故事聽起來像是發現新大陸：「我當時之所以自告奮勇，純粹是想在革命的劇變時刻參一腳。」結果，樂於自我挑戰的他沒有失望，報到的那一天，民眾正急著將手頭的東德馬克換成西德的德國馬克：「我一推開大門，就看到疊到天花板高的申請表格飄到我頭上。」馬克（Deutsche Mark）是西德強盛經濟的象徵，當時東德人領的薪水或一定額度內的現金都可一比一直接兌換德國馬克，這是西德總理柯爾為了加速統一進程所做的歷史性決定。

布朗身為從西德空降的主管，同事很快就接納他，雖然當時沒電腦也沒手機，電話的通話品質又差，大家還是排除萬難完成兩德貨幣的統一：「直到今天，我還是會向當年的同事脫帽致敬。」

●向西德靠近

我在展場內不時聽到笑聲，原來民眾正在複製的西德紙鈔背面，開心填上當年怎麼花「我的第一張西德一百馬克」。這張面額一百馬克的紙鈔是邊界不再管制後，西德政府發給每位東德人的「問候金」，每人填好後貼在牆上的內容都大同小異：牛仔褲、隨

西德政府原本就有發給每一位入境的東德人「問候金」的傳統，柏林圍牆倒榻，東西德的邊界不再封鎖後，到西德領取一百馬克問候金的東德人數突然暴增。圖為當時西柏林稅務機關張貼的海報。

照片：林育立翻攝於「德意志，一個國家的記憶」特展

身聽、芭比娃娃、英倫傳奇「皇后樂隊」（Queen）的唱片，和到阿爾卑斯山或地中海度假。這張紙鈔是他們告別計畫經濟、擁抱資本主義的第一步，屬於東德人的集體記憶。

隨著東歐共黨集團的瓦解，東德的經濟在統一前後全面崩潰，原有的國營企業不是關門就是被收購，經濟轉型的陣痛期持續了十多年。我一九九〇年代末第一次到德國東部旅行，就對殘破的公寓、刺鼻的汽車廢氣，和天一暗就一片漆黑的街道留下難忘的印象。

直到十年前，東德的失業率還高達二〇%，年輕人就業以西部為首選，人口外移的情況非常嚴重。人稱「統一總理」的柯爾滿口承諾的「百花齊放的風景」（Blühende Landschaften）遲遲沒有兌現，澆熄許多東德人對於統一的熱情，「為何統一為我們的國家帶來危險」是當時一本引起熱議的書的副標題。

不過，近年如果有機會再來一遊，對眼前的景象勢必難以置信：老城區華麗的歷史古蹟整修一新，明亮現代的購物中心人潮洶湧，遭重工業汙染的土地和河流恢復潔淨，汽車、機械、光學、晶片的產業聚落日趨成熟，連未來電力的主力風力發電的發展也領先西部；光看高速公路、商展中心、火車站等基礎建設和學術研究機構還會發現，統一後才全力建設的東德比有些西德城市還先進。

德國東部的失業率如今僅剩下八%，相當歐盟國家的平均水準，人民平均收入達西德的八成，工業化程度超越西班牙、法國等歐洲的製造業大國。統一以來持續流失的人口，到最近幾年總算出現正成長；尤其萊比錫、德勒斯登、艾爾福特（Erfurt）、耶拿（Jena）、波茲坦（Potsdam）等城市，洋溢著新興城市的活力，吸引全國的年輕人來此求學和定居。

根據民調，東西部人民對生活的滿意度都在七成上下，對民主的信任程度和選舉投票率也相去不遠，尤其三十歲以下的年輕世代從穿著、舉止到對未來的樂觀程度，東西部沒有差別。研究東西德人民超過二十五年的心理學家布萊勒（Elmar Brähler）就表示，德國內部的地域差異本來就大，再繼續比較東西部民眾的差異已沒有多大意義。

儘管重建東德的經費遠比預期還高，德國政府仍逐年公布「統一進度報告」，從基礎建設、生活品質、就業結構、民主法治觀念等層面檢討東西部發展的失衡並提出改善空間。德國在過去的四分之一世紀面對統一的挑戰時不曾退縮，從西德淨流入東德的資金已達臺幣六十兆元，可見舉國上下建設東德的意志和耐力。

●向東德看齊

德國原本就有自己的主體性和文化認同，美蘇在戰敗的德國土地上對峙數十年才劃開東西德的界線，一旦冷戰的外在因素消失，融合的速度就相當快。相較於統一有形的經濟代價全由西德人一肩扛起，如果從語言的角度來看，我們可以發現，無形的社會成本主要是由東德人來承擔。

統一後，西德的制度和生活型態在極短的時間內全面移植東德，從英文借來的字像是小孩（Kids）到日常生活用語所得稅（Einkommensteuer），東德人一口氣得學兩千多個從西德來的新字；反之，只有十幾個東德用語成為全國通用字彙，可見為了融入統一後的新國家，東德民眾得付出更多的努力。

革命和統一的動盪也在語言留下痕跡，為德文帶來許多新字：像是「舊邦」和「新邦」，指的是西德和東德；「星期一示威」和「案底」見證了和平革命和轉型正義；「自以為是的西部佬」（Besserwessi）和「滿腹牢騷的東部佬」（Jammerossi），前者用來調侃自大的西德人，後者指的是生活改善卻不懂得感恩的東德人，不過現在只有上一輩的人還在用；「圍牆啄木鳥」（Mauerspecht）是東西柏林邊界開放後，拿工具敲下牆體當作紀念品或轉賣給觀光客的人；至於「歪脖鳥」（Wendehals，臺灣又名地啄木），不只是一種頭顱能靈活轉動的鳥，還可用來稱呼改朝換代後突然支持民主的東德官僚，也就是臺灣一般說的牆頭草。

西德人口有東德的四倍多，憑著強大的經濟實力和法治基礎，為東德社會的轉型提供後盾，卻不免給人西德「併吞」東德的印象；不少東德人也覺得自己是二等公民，原本熟悉的日用品品牌和電視節目全被西德取代，彷彿與東德有關的事物都被扔進歷史的垃圾堆。

事實上，從兩德統合的過程來看，差異也可能是進步的動力，融合絕非只是單向，而是相互模仿、學習、競爭和磨合的過程。除了東德的行人交通號誌，因為可愛的小紅人和小綠人風行全國外，在今天的德國社會還能找到許多東德留下來的遺產，遍布各地的幼兒園就是一例。

在講究全民平等的社會主義國家，育兒是國家的責任，東德因此廣設幼兒園，讓婦女得以兼顧家庭和工作；反觀統一前的西德，受基督教家庭觀念的影響，仍以男人上班、女人在家帶小孩的傳統家庭為主。兩德剛統一時，三歲以下的東德孩童高達六成在幼兒園接受全天候的照顧，反之西德只有六%，民調顯示多數西德民眾認為：「小孩沒上小學媽媽就去工作的話，對小孩不好。」

然而，為解決少子化難題，近年來西部也向東部看齊，二到三歲幼童進幼兒園的比例大幅提高到五成，雖然距離東部的九成還有一段距離。這幾年德國新生兒的人數止跌回升，完善的公共托育服務網是主要原因。

重返歐陸中心的大國

德國歷史博物館全館最菁華的部分，其實是占地兩層的常設展「用圖和實物說德國歷史」(Deutsche Geschichte in Bildern und Zeugnissen)，訴說德國一千五百年來的興衰。德國的前身是神聖羅馬帝國，地圖展開花色斑斕，一如「拼布地毯」，上百個大小國家和城市各行其政、互相競爭，唯一的

育兒在東德是國家的責任，東德婦女一般都能兼顧家庭和工作，圖為東德大城艾爾福特的幼兒園小孩，攝於一九七五年。
©Bundesstiftung Aufarbeitung
攝影：Uwe Gerig

東西柏林邊界開放後的第二天，東柏林的民眾開始大量湧進西柏林，布蘭登堡門當時雖然還沒開放，許多年輕人已經從西柏林爬上圍牆，興奮地慶祝圍牆終於倒下。
©Bundesstiftung Aufarbeitung　攝影：Klaus Mehner

聯繫是共同的語言和文化。各地民眾在抵抗外侮和尋根的過程中，才逐漸形成民族的想像共同體，渴望統一和建國。

沒想到，這個在普魯士的領導下，好不容易才建立的民族國家，雖然在十九世紀末快速崛起，第一次嘗試民主沒多久，就落入獨裁者的手中。此後，德國就在國族主義的動員下向外擴張，為歐洲帶來滅絕性的毀滅和屠殺，國內的各大小城市也成為一片廢墟，這是德國史上最黑暗的一頁。

這個二〇〇六年揭幕的展覽，將東德的和平革命描寫成人民自覺、反抗，到決定自己命運的過程，與一八四八年主張民主和統一、最後卻遭貴族血腥鎮壓的起義相呼應。一九九〇年十月三日，德國在東德人民透過選舉表達加入的意志，和與波蘭解決領土糾紛、放棄東部「固有疆域」後完成統一，百年來不時變動的邊界和領土總算確定下來：德國再也不是敵對的兩大超級強權最邊緣的東西德，而是與九個關係友好的鄰國接壤、重新回到歐陸中心的大國。

從此，這一天就成了德國的國慶日，也是新德國的誕生日。

2 統一不是結局：變動中的德意志

你們這些德意志人啊，想組成一個民族，實枉然矣。
不過，你們能把自己教育成自由人。
——歌德和席勒，《諷刺詩選》（*Xenien*），一七九七年

人類存在的意義，在於致力打破刻板印象與各式偏見所造成的界線與敵意，超越信仰、民族、膚色的限制將全人類視為一個整體，以將內在力量自由發揮出來為共同目標。
——亞歷山大．馮．洪堡（Alexander von Humboldt）在《宇宙》（*Kosmos*）一書中引述哥哥威廉．馮．洪堡（Wilhelm von Humboldt）的一句話，一八四五年

柏林，柏林，我們去柏林。
——每年德國體壇盛事足球協會盃柏林決賽（DFB-Pokal）各地球迷的口號

柏林布蘭登堡門前寬闊的廣場，一年到頭都有遊客以城門為背景拍照留念，許多人還喜歡穿過城門走到另一頭，踩在嵌在馬路、綿延數公里的磚頭上，低頭尋找刻有「柏林圍牆，一九六一至一九八九年」字樣的鐵片。

曾經走過冷戰的布蘭登堡門，如今是歐洲克服分裂、重獲自由最有力的象徵，想要理解新德國的身世和認同，這座仿雅典衛城的雄偉城門是很好的出發點。

●新德國的核心記憶：遷都柏林

從城門向西方望去，屹立在遠處的就是「勝利柱」（Siegessäule），和頂端閃閃發光的金色女神像。這座衣裙飄逸的女神，紀念的是十九世紀下半葉普魯士領導德意志諸國擊敗歐洲列強的「統一戰爭」，柏林從此就以德意志帝國首都之姿，第一次在國際舞臺上展露頭角。納粹打算將柏林建設成「世界之都日耳曼尼亞」（Weltstadt Germania）時，又將勝利柱墊高了一層，移到首都的地理中心，成了今日睥睨全城的模樣。

不過，若把視線移到城門前的馬路正中央，看到的卻是一座張開雙口、表情絕望的雕像，那是歐洲分裂成對峙的兩大陣營時，西柏林向東柏林的和平吶喊。

從城門往南走幾步，就是在二〇〇五年揭幕、占地有兩個足球場大的「歐洲被屠殺猶太人紀念園區」（Denkmal für die ermordeten Juden Europas），放眼望去是上千座高低起伏的深灰色石碑，走近一看全都猶如無名的墓碑。悼念被納粹迫害的同性戀者、吉普賽人，以及殘障人士和精神病患的裝置藝術和紀念碑，近年陸續在園區周邊興建。在首都的核心地段，反省自己最羞恥和黑暗的過去，象徵這個新國家對歷史責任的承擔。

從園區走回城門，路邊就是戒備森嚴的美國大使館，德國民眾一看到馬上就會想到屋頂上的監聽設備。幾年前，美國情報單位監聽梅克爾手機的醜聞喧騰一時，可見納粹蓋世太保（Gestapo）和東德史塔西無孔不入的政治偵防，在德國仍是鮮活的記憶，德國對隱私權的立法因此十分嚴謹，每當公共空間要裝設監視攝影機就會引起激烈的論辯。

統一後第二年，國會決定將首都遷回柏林。一九九九年秋天，聯邦政府和國會開始在柏林辦公。城門以北一大片新建築就是新德國的政治中樞，走在空曠的草地上，一路上可見玻璃圓頂的國會、聯邦總理府和各部會大樓以及用玻璃全新打造的中央火車站，任何人在此都能感受首都開闊和流動的新氣象。這裡許多建築還刻意

「歐洲被屠殺猶太人紀念園區」由上千座高低起伏的無名碑所組成，
光二〇〇五年開幕的第一年就吸引了三百五十萬的訪客，園區的地下室有納粹大屠殺的展覽。
©visitBerlin　攝影：Philip Koschel

德國國會屋頂的玻璃圓頂，從早到晚開放民眾參觀，人人都可以走在議員的頭頂上，
一覽首都三百六十度的全景，是新德國最具象徵性的建築。
© visitBerlin　攝影：Wolfgang Scholvien

緊貼在一起，東西向一字展開將原本分裂的城市連結在一起，讓人幾乎忘記圍牆曾經存在。

德國在重拾首都後終於有了重心，近年來環繞著布蘭登堡門的幾次重大事件，也同樣見證了這個國家的改頭換面。二〇〇六年，德國主辦世界盃足球賽，城門前寬廣的八線道馬路上，架設了直播賽事的大型銀幕，只要國家隊一出賽，現場就有近百萬的民眾揮舞國旗為子弟兵喝采。在這個德國統一以來首度主辦的國際大型賽事中，德國人首次拋開戰敗一甲子以來對國旗的羞恥和迴避，毫不彆扭地以身為德國人而自豪，包括穆斯林移民在內。

德國國家足球隊在場上的企圖心和靈活的換位，正足以展現新一代德國人的自信，每當出征重要賽事，全國各地就陷入一片旗海，在全民的力挺下屢屢晉級。二〇一四年，國家隊果真不負眾望在巴西奪

只要國家足球隊在世界盃出賽，布蘭登堡門前的大馬路就會湧進成千上萬的球迷，大家緊盯著大銀幕揮舞國旗為子弟兵喝采。
©ArGe Fanfest Berlin

冠，一返國就趕往布蘭登堡門與全民同慶，為新德國寫下榮耀的一章。

國家地位的正常化也表現在國際關係。二〇〇九年十一月九日，柏林圍牆倒塌二十週年的慶典上，英國首相、法國總統、俄國總統、美國國務卿、歐盟執委會主席、以及戈巴契夫和季辛吉等各國政要全都應邀出席。當晚「自由饗宴」(Fest der Freiheit)的高潮，就是在布蘭登堡門的周圍推倒一千張骨牌，來象徵當年威權的倒下；彷彿一直到這一刻，從和平革命中誕生的民主與統一新德國，才真正被歐洲的大家庭和國際社會所接納。

● 文化立國的傳統

布蘭登堡門往西、往南、往北和重新能自由通行的城門本身，全是新德國的核心記憶，不過往東走進城內的「中心區」(Mitte)、也就是老柏林的心臟地帶，才是德國的靈魂。一條筆直的馬路向東方延伸，這條路就是歷史建築物雲集的菩提樹大道。

統一後，德國國家圖書館、德國歷史博物館、德意志國立歌劇院和被指定為世界文化遺產的博物館島（Museumsinsel）[1]陸續整修和對外開放，與洪堡大學和在新教國家象

1 博物館島（Museumsinsel）：柏林市中心史普雷河小島上的博物館建築群，由收藏中亞建築和雕刻的佩加蒙博物館（Pergamonmuseum）、希臘與羅馬雕刻的老博物館（Altes Museum）、埃及藝術的新博物館（Neues Museum）、中世紀和拜占庭雕刻的波德博物館（Bode-Museum），以及老國家畫廊（Alte Nationalgalerie）等五座五大博物館組成，展品的歷史橫跨六千年。最早的老博物館是一八三〇年建成，最晚是一九三〇年的佩加蒙博物館，呈現從十九世紀初開始跨越一百年的建築歷史，因此被聯合國指定為世界文化遺產。目前仍有部分建築在整修和增建，預計在二〇二五年全部完工。

上｜以雕刻聞名的佩加蒙祭壇建於西元二世紀，由德國的考古學家
十九世紀末在土耳其挖掘出來，柏林特地在博物館島上蓋了一個博物館來展示，
多年來一直是全城觀光客最多的博物館。
©Raimond Spekking / Wikimedia Commons

下｜博物館島指的是位於柏林史普雷河島上的博物館建築群，
兩德統一以來陸續整修和開放，是聯合國指定的世界文化遺產。
©visitBerlin　攝影：Wolfgang Scholvien

徵寬容精神的天主教堂相互輝映；原先因分裂而暫時存放在西柏林的埃及王后娜芙蒂蒂（Nofretete）胸像，和追尋民族情感的十九世紀浪漫主義繪畫也全都重返博物館島，與佩加蒙祭壇（Pergamonaltar）和巴比倫城門等家喻戶曉的考古文物在島上大團圓。博物館島這個耗時一百年才完工（從一八三〇至一九三〇年）、卻在二戰毀掉七成的全國最重要博物館建築群總算恢復昔日的輝煌。

大學、歌劇院、對大眾開放的圖書館，和以歐洲和中東藝術收藏為主的博物館島，這些從十八到二十世紀初興建的公共建築，一棟棟密集分布在菩提樹大道的兩側，代表新興的市民階級對藝術的高度興趣，也傳承自普魯士文化立國的傳統：國家有意識地透過對教育、學術、藝術和博物館的支持來建構國族認同。

● 全球化下的新德國人

這些當年在歐洲相當先進、充滿「國家」意涵的文化機構，無疑是德國國力在十九世紀末崛起的關鍵，在全球化的開放時代卻顯得不合時宜。圍牆倒後，德國的內涵隨著東德和各國移民的加入而進一步擴充，移入的人口含難民在內，在二〇一五年就超過二百萬人；如今「新德國人」來自世界各角落，德國的豐富和多元早已無法用十九世紀的民族國家來定義。

那麼，德國人是誰？德國的主體性在哪裡？回到歐洲中心的德國，想成為什麼樣的國家？什麼樣的機構足以代表這個新國家的追求？兩德統一以來，這些問題就一直困擾著德國政壇和知識分子，經過十幾年的討論才找到大方向：繼首都遷回柏林的歷史性表決後，德國國會決定在博物館島的正對面重建遭二戰和東德政府摧毀的普魯士皇宮，在外觀上再現宮殿原樣，填補老城區地景的缺口，內部卻賦予全新的內涵——在柏林既有的學術和文化基礎上，締造全人類藝術、文明和知識對話的場所「洪堡論壇」（Humboldtforum）。

洪堡是活躍於十八世紀末、十九世紀初一對博學的兄弟檔，兩人的出現改變了德國後來發展的軌跡：研究教育和語言的哥哥威廉．馮．洪堡當官後主導成立柏林大學、也就是今天的洪堡大學，首創研究和教學合一，是現代大學的始祖；曾到南美洲探險多年、被譽為「美洲真正發現者」的弟弟亞歷山大．馮．洪堡，則以世界公民自居，一生的研究包括海洋、動植物、礦物、地圖、地質、天文、民族學等領域，是許多學科的先驅，在世時還頻繁與各國學者通信，建立跨全球的知識網路。

洪堡兄弟不是隱身在象牙塔內的學者，畢生對大千世界充滿無窮好奇，也願意身體力行改變社會。兩人不僅是在歐洲後起的德國靠知識與世界接軌的代表性人物，也象徵人文與自然科學的統合，和尋找人類普遍性的啟蒙理想。這個德國統一後規模最大的文化建設，就是以這兩位全球化的先行者為精神導師。

洪堡論壇隔著菩提樹大道與布蘭登堡門遙遙對望，龐大的建築主體目前已聳立在工地上，宮殿的圓頂和巴洛克石牆，未來將主宰柏林市中心的視覺空間。二〇〇二年國會剛決定要興建時，洪堡論壇還只是個模糊的概念；直到總理梅克爾在二〇一四年親自將倫敦大英博物館的館長麥葛瑞格（Neil MacGregor）挖角來柏林，與其他兩位德國博物館界的領袖統籌規劃，洪堡論壇的格局才逐漸變得清晰。

●訴說全人類的故事

二〇一五年六月洪堡論壇舉行上梁典禮，我到工地一探鷹架背後的究竟，對宛如機場大廳般廣闊的中庭印象特別深刻。這個中庭名為「市集」（Agora），在古希臘城邦指的是居民社交的廣場，正好符合洪堡論壇「世界文化對話平臺」的宗旨。

●●●
亞歷山大・馮・洪堡是啟蒙時代重要的學者，
曾到南美洲探險多年，是許多自然學科的先驅；
這座紀念他的白色大理石雕像，
從十九世紀末開始就矗立在洪堡大學的校門口。
攝影：林育立

洪堡論壇的理念並非某人單獨提出，而是在統一後，全國的知識分子、政治人物和輿論長年探索與激盪出來的結果，首要目的就是要破除根植在歐洲人心中的歐洲中心觀點。所以，原本亞洲藝術博物館的中國、日本、印度文物，和民族學博物館的美洲、非洲和大洋洲收藏，屆時都將匯集到洪堡論壇，在建築空間的規劃上還刻意讓洪堡論壇與博物館島平起平坐，一如亞歷山大・馮・洪堡所言，「將世界視為一個整體。」

洪堡在一本研究亞馬遜原始部落的書中曾寫道：「如果想真正全面性地理解世界，我們也該研究最偏遠地區的文化發展。」在網路和交通發達的二十一世紀，全球早已連結在一起，任何一地發生的事都可能與我們有關，印證洪堡一再被引述的名句：「世間所有的事物都是交互影響的結果。」洪堡論壇想說的就是全人類的故事。

因此，洪堡論壇未來將打破學科和地域的劃分，探討人類共同的問題。「十八世紀以來，學者就將人類的文化分成有文字和沒有文字的文化，我們有機會打破這個分界，」麥葛瑞格說：「啟蒙時代的思想家相信人類有共同遺產（Shared Heritage），洪堡論壇未來打算把這個概念說清楚，讓訪客看到人類文明的斷裂和彼此之間的關聯。」

按照這樣的世界性思維，清朝和義大利的繪畫、布滿饕餮的中國青銅器和美洲印地安人的面具，同時出現在中東、亞洲、非洲的伊斯蘭藝術，甚至歐洲中世紀和印度的宗教雕刻，只要有交集、對話和激盪出新意義的可能性，都可能在洪堡論壇或博物館島上的任何一間展室出現，顛覆博物館分門別類的傳統。

●帶領國家與世界對話

走進柏林的民族學博物館，可以同時看到南島民族的獨木舟、臺灣道教的神像和非洲原始部落的面具，這些在歐洲人眼中「陌生」的文物因「異國情調」而被收集，取得的時空背景可能與殖民主義或帝國主義有關，多少暴露出歐洲人的優越感；另外像亞洲藝術博物館收藏的大量中國瓷器，反映的則是歐洲貴族對中國文化的狂熱。

過去，歐美的博物館總是將這些非歐洲的文物放在櫃內展示，沒有提供太多背景知識，但因為德國的轉型正義經驗，新德國的精神正是對過去保持批判性反省。因此，洪堡論壇打算一改博物館過去的展出手法，讓展品自己說話：這件文物怎麼來的？買的、換來的，還是搶來的？與德國在殖民地的屠殺有關？原本如何被生產和使用？誰收藏過它？是否曾為了展出而改變過它？以上這些問題在展覽時盡可能要呈現出來，每一件文物自身的脈絡都必須被看見，讓對話成為可能，因此德國將邀請文物來源國的專家，一同釐清文物背後的在地觀點。

此外，德國在首都重返柏林後，總算有一個在歷史厚度、文化多元和前衛藝術的活力上，與鄰國巴黎、倫敦和維也納相比皆不遑多讓的政治和文化中心。可是這個開放的城市從何而來？柏林看世界的觀點真的有特殊之處嗎？能領導整個國家與世界對話？這些問題攸關城市和國家的願景，需要全國人民一起來思考，柏林市政府因此打算在洪堡論壇內規劃名為「柏林與世界」（Berlin und die Welt）的展覽，「用德國、歐洲與全世界的脈絡來說柏林的故事。」

柏林市長穆勒（Michael Müller）表示，洪堡兄弟的成就迫使後人思考，這個城市有沒有能力繼續帶給世界刺激，和吸納全世界的人才與知識。從市府目前公布的策展計畫來看，洪堡兄弟當年「丈量世界」使用的工具、戰爭和圍牆的記憶、街上隨處可見的塗鴉、國際交流的平臺劇場和夜店、到最近一波的難民潮都是展覽的重點，凸顯的是這個能包容不同種族、信仰和性向的城市，如何以另類的生活方式，和吸引各國人才揮灑創意的形象而揚名國際。現場還有語言區，讓訪客聽見德國語言學家在柏林近郊的第一次世界大戰戰俘營錄製的兩百多種語言，「呼應今日在柏林街頭聽到的各國語言所反映的全球交融現象。」

● 洪堡精神滲透城市思維

這個規模龐大的文化機構，格局在國際博物館界前所未見，在發起階段就激發全國的想

洪堡論壇的主要推手從左至右分別是：洪堡大學藝術史教授布萊特坎普（Horst Bredekamp）、考古學家出身的普魯士文化遺產基金會主席帕辛格（Hermann Parzinger）、在聯邦政府主管文化事務的部長葛魯特斯（Monika Grütters）、以及前大英博物館館長麥葛瑞格（Neil MacGregor）。

像。雖然最快二〇一九年才開館，引進在地觀點、尋找連結、呼應當代和鼓勵對話的洪堡精神，此刻已悄悄滲透到柏林全城公共和文化建設的思維，改變這個國家的面貌。

二〇一六年，柏林收容了五萬多名難民，與德國其他城市一樣成了難民之城。德國歷史博物館和博物館島上的伊斯蘭文化博物館，特地將來自伊拉克和敘利亞的難民訓練成導覽員，為其他同樣流離失所的中東難民提供解說，幫助他們恢復對自己文化的自信並融入新故鄉。

博物館島上的伊斯蘭文化博物館二〇一六年持續一整年的特展「一個上帝」（Ein Gott），藉猶太教、伊斯蘭、基督教的共同祖先亞伯拉罕，來說人類三大宗教在古埃及和平共處的過去，並探討接下來衝突的原因。

柏林是典型的西歐大都會，居民來自世界各地，二〇一六年九月在臺灣演出的國立高爾基劇院（Maxim Gorki Theater）導演和演員都是移民，說的也是移民的故事。劇院總監海耶（Jens Hillje）接受臺灣的《表演藝術》雜誌訪問時表示：「我們想為變動中的社會找到新的敘事。我們是誰？我們想要成為誰？這些是我們一再問的問題。」

洪堡論壇往南過兩個街角、一塊二戰炸毀的教堂遺留下來的空地，柏林的一名拉比、一名牧師、和一名伊瑪目，正透過群眾募資起建一座名為「一家」（House of One）的建築，德國政府也響應贊助，完工後就是世界第一座結合猶太會堂、基督教堂和清真寺的信仰聖堂。

致力以巴和平的猶太指揮家巴倫波音（Daniel Barenboim）在國立歌劇院後方成立的音樂院於二〇一六年年底開學，學生是出身猶太、基督和穆斯林等不同信仰的中東年輕音樂家。「偉大的音樂是每一位音樂家專注聆聽作曲家的聲音和互相聆聽的結果，」巴倫波音在招生簡章表示：「人與人、國與國關係的和諧，同樣也靠每一方都敞開耳朵聽見另一方的敘事或觀點。」

在工地旁為洪堡論壇暖身的臨時展覽館「洪堡盒子」（Humboldt-Box），二〇一六年十一月揭幕的特展透過祕魯的原住民如何適應極端氣候，探討存在上千年的聖嬰現象與當今氣候暖化的交互作用對人類可能帶來的衝擊。這個由麥葛瑞格策劃的展覽匯集氣候學、植物學、民族學的研究成果，展品歷史橫跨數百年回應的卻是當下最急迫的問題，全球各地的天災新聞在展場上不斷播報，讓人不難想像洪堡論壇與當代對話的企圖心。

●用世界性建構主體性

「柏林是一個用建築來做夢的城市」，麥

工地旁的臨時展覽館「洪堡盒子」，定期舉辦特展為洪堡論壇暖身，訪客在上樓後還可一覽市中心博物館島和菩提樹大道的全景。
©Wlkimedia Commons

葛瑞格在《德意志，一個國家的記憶》（*Germany: Memories of a Nation*）這本備受讚譽的近作中，如此形容這個新國家的首都，在統一後藉由建築和都市空間的營造來重新塑造國家的認同、表達對未來的願景，和提醒自己勿忘歷史的教訓。如果連圍牆都能推倒，敵對的國家也能合而為一，沒有什麼分歧不能化解，德國正是懷著這樣的自信，在柏林這個城市和洪堡論壇這塊知識工地上尋找人類對話的基礎。

亞歷山大．馮．洪堡曾說：「最危險的世界觀，是那些從來沒仔細看清楚世界的人的世界觀。」不幸的是，兩百年後的今天，人類對彼此的無知和偏見仍是衝突的根源。在觀照和尋思藝術和工藝結晶的過程中看見人類文明的多采多姿和成就，進而理解彼此間的差異和確立自己的主體性，人人都有機會自我教育成尊重不同文化和生命觀的自由人，這座以洪堡為名、以啟蒙為師的知識宮

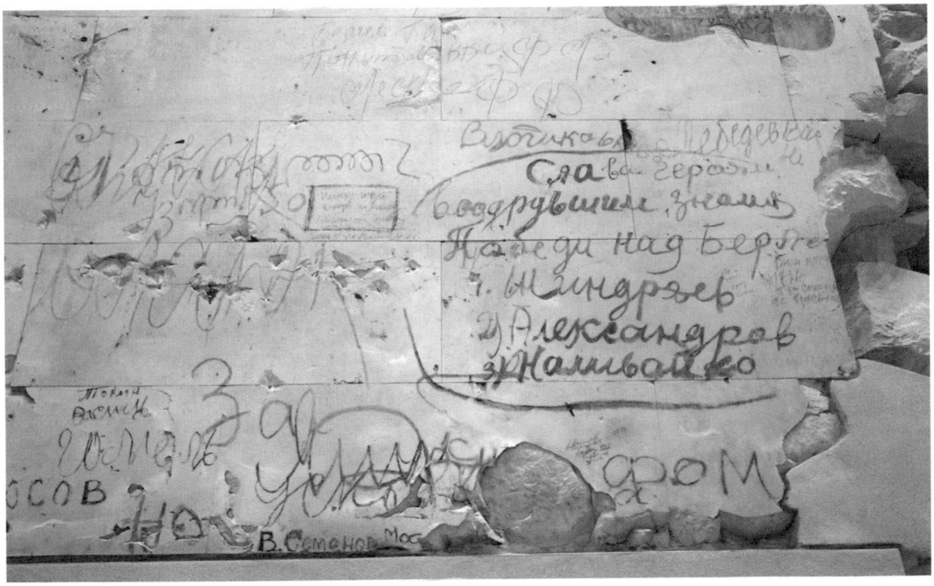

一九四五年攻進柏林的蘇聯紅軍士兵，曾在國會的牆壁上留下塗鴉，
德國在統一後的整建刻意保留下來，提醒後人勿忘歷史。
攝影：林育立

殿，講述的終究是人類和平共處的終極理想。

在全球化的網路時代，各國的文化正以史無前例的速度衝撞和交會，帶給全人類巨大的挑戰，誰願意打開心胸對他者保持好奇，在還沒親自體驗和瞭解前不輕易下判斷，有意願和能力促成不同的文化對話，自然就能參與和打造人類的未來。用世界性來建構主體性，用普世價值來培養公共意識，將首都建設成全人類對話的平臺，以重新定義國家在世界上的位置，這就是克服上一世紀兩次獨裁的新德國，在二十一世紀又一次的文化立國。

島嶼新書
26

歐洲的心臟
德國如何改變自己

Die Macht in der Mitte Europas
Wie sich Deutschland neu erfindet

作者——林育立
執行長——陳蕙慧
執行編輯——莊瑞琳、夏君佩
編輯——盛浩偉、洪仕翰、賴虹伶
美術設計——黃暐鵬

社長——郭重興
發行人兼出版總監——曾大福
出版——衛城出版／遠足文化事業股份有限公司
發行——遠足文化事業股份有限公司
地址——二三一四一 新北市新店區民權路一〇八-二號九樓
電話——〇二-二二一八一四一七
傳真——〇二-二二一八八〇五七
客服專線——〇八〇〇-二二一〇二九
法律顧問——華洋法律事務所 蘇文生律師
製版——瑞豐電腦製版印刷股份有限公司
初版一刷——二〇一七年二月
初版十二刷——二〇一九年四月
定價——四〇〇元

國家圖書館出版品預行編目資料

歐洲的心臟：德國如何改變自己／林育立作
.－初版.－新北市：衛城出版：遠足文化發行，2017.02
面； 公分.－(島嶼新書；26)
ISBN 978-986-93518-6-7(平裝)
1.政治發展 2.能源政策 3.德國
574.43 105023326

本書線上讀者回函

ACRO POLIS 衛城
EMAIL acropolis@bookrep.com.tw
FACEBOOK http://zh-tw.facebook.com/acropolispublish

● 親愛的讀者你好，非常感謝你購買《歐洲的心臟》
請於回函中告訴我們您對此書的意見，我們會努力加強改進

若不方便郵寄回函，歡迎傳真回函給我們。傳真電話 02-22188057

或是到衛城 FACEBOOK 填寫回函
http://www.facebook.com/acropolispublish

● 讀者資料

你的性別是　□男性　□女性　□其他

你的職業是＿＿＿＿＿＿＿＿＿＿＿＿＿＿＿＿

你的最高學歷是＿＿＿＿＿＿＿＿＿＿＿＿＿＿

年齡　□20歲以下　□21~30歲　□31~40歲　□41~50歲　□51~60歲　□61歲以上

若你願意留下 e-mail，我們將優先寄送衛城出版相關活動訊息與優惠活動

＿＿＿＿＿＿＿＿＿＿＿＿＿＿＿＿＿＿＿＿＿＿

● 購書資料

請問你是從哪裡得知本書出版訊息？(可複選)
□實體書店　□網路書店　□報紙　□電視　□網路　□廣播　□雜誌　□朋友介紹
□參加講座活動　□其他：

● 是在哪裡購買的呢？(單選)
□實體連鎖書店　□網路書店　□獨立書店　□傳統書店　□團購　□其他：

● 讓你燃起購買慾的主要原因是？(可複選)
□對此類主題感興趣　□參加相關活動後，覺得好像不賴
□覺得書籍設計好美，看起來好有質感！　□價格優惠吸引我
□受圖像風格吸引　□其實我沒有買書啦！這是送(借)的
□其他：

● 如果你覺得這本書還不錯，那它的優點是？(可複選)
□內容主題具參考價值　□圖像作品值得收藏　□書籍整體設計優美
□價格實在　□其他：

● 如果你覺得這本書讓你好失望，請務必告訴我們它的缺點(可複選)
□內容與想像中不符　□印刷品質差　□版面設計影響閱讀　□價格偏高　□其他：

● 讀完此書後，是否讓你想要進一步瞭解更多社會議題或是表達自己對於社會議題的看法。
□是　□否

● 書中那一篇的作品讓你印象最為深刻？

＿＿＿＿＿＿＿＿＿＿＿＿＿＿＿＿＿＿＿＿＿＿

● 如果你發現書中錯字或是內文有任何需要改進之處，
請不吝給我們指教，我們將於再版時更正錯誤

＿＿＿＿＿＿＿＿＿＿＿＿＿＿＿＿＿＿＿＿＿＿

＿＿＿＿＿＿＿＿＿＿＿＿＿＿＿＿＿＿＿＿＿＿

＿＿＿＿＿＿＿＿＿＿＿＿＿＿＿＿＿＿＿＿＿＿

廣 告 回 信
臺灣北區郵政管理局登記證
第 1 4 4 3 7 號

請直接投郵，郵資由本公司支付

23141
新北市新店區民權路108-2號9樓

衛城出版 收

● 請沿虛線對折裝訂後寄回，謝謝！

ACRO POLIS 衛城　島嶼新書